旅游企业投资行为研究

陈咏英 著

中国金融出版社

责任编辑：方　晓
责任校对：张志文
责任印制：陈晓川

图书在版编目（CIP）数据

旅游企业投资行为研究（Lüyou Qiye Touzi Xingwei Yanjiu）/陈咏英著．—北京：中国金融出版社，2015.4
ISBN 978 - 7 - 5049 - 7778 - 6

Ⅰ.①旅…　Ⅱ.①陈…　Ⅲ.①旅游企业—投资行为—研究　Ⅳ.①F590.6

中国版本图书馆 CIP 数据核字（2014）第 313455 号

出版
发行　中国金融出版社
社址　北京市丰台区益泽路 2 号
市场开发部　（010）63266347，63805472，63439533（传真）
网上书店　http://www.chinafph.com
　　　　　（010）63286832，63365686（传真）
读者服务部　（010）66070833，62568380
邮编　100071
经销　新华书店
印刷　三河市利兴印刷有限公司
尺寸　169 毫米 × 239 毫米
印张　9.25
字数　153 千
版次　2015 年 4 月第 1 版
印次　2015 年 4 月第 1 次印刷
定价　26.00 元
ISBN 978 - 7 - 5049 - 7778 - 6/F.7338
如出现印装错误本社负责调换　联系电话（010）63263947

本书得到了以下项目的资助：北京市教委科技创新平台"新兴资本市场制度创新与投资者保护"；北京市教委科技创新平台"服务业的发展战略研究"；北京市教委"学科建设——重点学科——企业管理"；北京市教委人才强教深化计划——学术创新团队（北京现代服务业）。特此表示感谢。

前言

旅游业是我国现代服务业的重要组成部分，目前正处于蓬勃发展时期。2009年11月国务院通过《关于加快发展旅游业的意见》，提出把旅游业培育成国民经济的战略性支柱产业和人民群众更加满意的现代服务业。2014年8月国务院进一步颁布了《关于促进旅游业改革发展的若干意见》。该意见指出，加快旅游业的改革发展，对于扩就业、增收入，推动中西部发展和贫困地区脱贫致富，促进经济平稳增长和生态环境改善意义重大，对于提高人民生活质量、培育和践行社会主义核心价值观也具有重要作用。2014年12月，中国旅游研究院武汉分院发布的《2014中国旅游业发展报告》指出：我国在2013年成为全球第四大入境旅游目的地和全球最大的国内旅游市场国；2013年我国旅游业提供了0.64亿个工作岗位，对就业增长的贡献度为世界第一，对GDP增长的贡献度排名世界第二，远高于亚太地区和世界平均水平。这份报告可说是国务院《关于促进旅游业改革发展的若干意见》中关于旅游业扩就业、增收入作用的最好诠释。旅游企业是旅游业的市场主体。国务院《关于促进旅游业改革发展的若干意见》第三条指出，积极培育壮大市场主体，扶持特色旅游企业，支持具有自主知识产权、民族品牌的旅游企业做大做强。意见的第二十条还指出，要加强旅游基础理论和应用理论研究。国家加快发展旅游业的方针政策和旅游业快速发展的现实状况，激发了笔者的思考，成为本书写作的动因。

笔者2008年博士毕业后进入北京第二外国语学院下属旅游管理学院任教，先后讲授财务管理、高级财务管理、饭店财务管理、旅游业资本运营与财务管理研究等本科生和研究生课程。在教学的过程中，笔者发现，关于旅游企业财务行为的研究目前还不够丰富，许多问题亟需进一步深入研究。投资是企业最重要的财务管理行为。在市场经济条件下，企业能否合理安排投资的资金结构、提高投资的使用效率、选择合适的投资方式,对企业的生存和发展具有十分重要的影响,可以说关系着企业的生死成败。笔者以旅游企业的投资行为为研究对象,从资产结构、投资效率和投资多元化三个角度进行研究,希望能起到抛砖引玉的作用,为旅游业的发展做出一点微薄的贡献。

我衷心希望这本书能够给关心中国旅游企业的人们带来有益的帮助,欢迎读者提出批评和建议。

目 录

第一章 导论 ··· 1
  1.1 研究背景和研究方法 ··· 1
    1.1.1 研究背景 ·· 1
    1.1.2 研究方法 ·· 3
  1.2 研究内容及样本选择 ··· 4
    1.2.1 研究内容 ·· 4
    1.2.2 样本选择 ·· 5
  参考文献 ·· 7

第二章 旅游企业资产结构及其对绩效的影响研究 ··············· 9
  2.1 文献综述 ··· 9
    2.1.1 国外文献综述 ··· 9
    2.1.2 国内文献综述 ·· 11
    2.1.3 文献简评 ·· 17
  2.2 实证检验 ·· 18
    2.2.1 变量设定 ·· 18
    2.2.2 理论假设 ·· 22
    2.2.3 模型构建 ·· 24
    2.2.4 描述性统计 ·· 25
    2.2.5 相关性分析 ·· 26
    2.2.6 回归分析 ·· 27
    2.2.7 研究结论 ·· 30
  参考文献 ··· 31

第三章 旅游企业投资效率及其影响因素研究 ……… 36
3.1 旅游上市公司投资效率计算 ……… 36
3.1.1 文献综述 ……… 36
3.1.2 旅游上市公司投资效率计算 ……… 42
参考文献 ……… 48
3.2 旅游上市公司投资效率影响因素之一：债务融资 ……… 51
3.2.1 文献综述 ……… 51
3.2.2 实证检验 ……… 56
参考文献 ……… 68
3.3 旅游上市公司投资效率影响因素之二：公司治理结构 ……… 72
3.3.1 文献综述 ……… 72
3.3.2 实证检验 ……… 81
参考文献 ……… 88
3.4 旅游上市公司投资效率影响因素之三：会计稳健性 ……… 94
3.4.1 文献综述 ……… 95
3.4.2 实证检验 ……… 97
参考文献 ……… 106

第四章 旅游企业投资多元化及其经济后果研究 ……… 109
4.1 旅游上市公司投资多元化与绩效关系研究 ……… 109
4.1.1 文献综述 ……… 109
4.1.2 实证检验 ……… 111
参考文献 ……… 118
4.2 旅游上市公司投资多元化与代理成本关系研究 ……… 120
4.2.1 文献综述 ……… 120
4.2.2 实证检验 ……… 122
参考文献 ……… 130

第五章 总结 ……… 134

后记 ……… 137

第一章 导　　论

1.1 研究背景和研究方法

1.1.1 研究背景

"智者乐水，仁者乐山"，我国人民素有游览山水、凭吊名胜的旅游传统。随着人民生活水平的提高，老百姓对旅游的需求也日益增加，旅游业和相关的投资建设活动逐渐活跃起来。根据有关资料和笔者的整理，改革开放以后我国旅游业的发展可分为以下三个阶段。

1. 1978—1985年：旅游业起步阶段。1978年3月5日，中共中央批转关于进一步开展旅游工作的报告。国务院决定在3年内拨给旅游部门3.6亿元基本建设投资，用于建设旅游饭店、添置交通车辆等设施，以扩大接待能力，为国家增加外汇收入。同时，国务院成立旅游工作领导小组，成立国家旅游总局，要求各省、市、自治区成立旅游局，管理本地区的旅游工作。1981年，国务院召开全国旅游工作会议。1984年，国务院提出"四个转变"、"五个一起上"，即从只抓国际旅游变为国际旅游、国内旅游一起抓；从主要搞旅游接待转变为开发、建设旅游资源与接待并举；从国家投资建设旅游设施为主转变为国家、地方、部门、集体、个人一起上，自力更生与利用外资一起上；旅游经营单位从事业单位转变为企业。在"六五"计划时期（1981—1985年），外国游客入境人数有较大幅度提高，国内旅游开始起步。

2. 1986—1999年：旅游业小有发展阶段。1985年9月全国人大批准了《中共中央关于制定国民经济和社会发展第七个五年计划的建议》。"七五"计划时期（1986—1990年）和"八五"计划时期（1991—1995年），国内旅游迅猛崛起。1992年，国家在《中共中央、国务院关于加快发展第三产业的决定》中提出旅游业是第三产业中的重点产业。同年7月,国务院作出了试办国家旅游度假区的决定,先后批准兴办12个国家旅游度假区,一些省、自治区也兴办了一批省级旅游度假区。1993年,国务院转发了国家旅游局《关于积极发展国内旅游业的意见》。1995年,《中共中央关于制定经济和社会发展"九五"计划和2010年远景目标纲要的建议》将旅游业列为积极发展新兴产业的第一位。1998年中央经济工作会议提出把旅游业作为国民经济新的增长点。

3. 2000—2014年：旅游产业蓬勃发展阶段。2000年,中国实行"五一"、"十一"放假三天的制度,鼓励人们外出旅游。国家计委和国家旅游局于2000年9月发布了首批中国旅游业发展优先项目。铁路部门开行了数百列旅游专列。2000年修订的《国家重点鼓励发展的产业、产品和技术目录》鼓励社会资金投资旅游交通等基础设施项目、重大旅游度假项目和专项旅游项目、大型旅游资源综合开发项目。2001年《国务院关于进一步加快旅游业发展的通知》发布,要求各地树立大旅游观念,努力扩大旅游发展规模,进一步发挥旅游业作为国民经济新的增长点的作用。2002年国务院公布了《中国公民出国旅游管理办法》,中国公民出国旅游目的地进一步增加。2004年,中共中央办公厅、国务院办公厅编制印发《2004—2010年全国红色旅游发展规划纲要》,拉开了全国红色旅游大发展的序幕。2005年国家在"十一五"规划纲要中继续强调要大力发展旅游业。2005年11月,国家旅游局和宁波市市政府在宁波市举办首届中国旅游投资洽谈会。2007年至2009年期间,国务院先后发布关于四川汶川、重庆、福建、宁夏、长江三角洲、东北地区、广西、海南等地的发展指导意见,指出要将旅游业作为区域重要产业来发展。2009年,《国务院关于加快发展旅游业的意见》发布,指出旅游业是战略性产业,力争到2020年使我国旅游产业基本达到世界旅游强国水平。2010年,国务院办公厅印发《贯彻落实国务院关于加快发展旅游业意见重点工作分工方案》,提出要加快旅游基础设施建设、推动旅游产品多样化发展、培育新的旅游消费热点、加大政府投入、加大金融支持等意见。2012年,中国人民银行等七部委联合发布了《关于金融支持旅游业加快发展的若干意见》,提出支持旅游资源丰富、管理体制清晰、符合国家旅游发展战略和发行上市条件的旅游企业上市融资;通过企业债、公司债等债务融资工具,加强债券市场对旅游企业的支持力度。2013年4月,全国人民代表大会通过了《中华人民共和国旅游法》,成为我国旅游业发展史上的一个里程碑。2014年8月,国家颁布《国务院关于促进旅游业改革发展的若干意见》,推动旅游市场向社会资本全面开放。

梳理旅游业发展的历史脉络，可以看见旅游业和行业投资活动的并行成长。旅游业的培育最早是国家倡导和实行的，所需资金也是来自于国家的财政拨款，即 1978—1980 年国务院拨给旅游部门 3.6 亿元来建设旅游饭店、添置交通车辆。随后，1984 年国务院提出从国家投资建设旅游设施为主转变为国家、地方、部门、集体、个人、外资等多个渠道一起上；旅游经营单位从事业单位转变为旅游企业，号召社会各界共同投资旅游业。在此之后，国家陆续出台了各种扶持和鼓励投资旅游业的政策措施，如 2000 年修订《国家重点鼓励发展的产业、产品和技术目录》，鼓励投资旅游交通等基础设施项目，2005 年举办中国旅游投资洽谈会，2012 年中国人民银行等七部委发布《关于金融支持旅游业加快发展的若干意见》，2014 年中央颁布《国务院关于促进旅游业改革发展的若干意见》，推动旅游市场向社会资本全面开放，等等。在国家的大力扶持和社会力量的逐步参与下，目前旅游业的投资规模不断扩大，已成为国民经济发展中的亮点。国家旅游局规划发展与财务司司长吴文学在 2012 年的一次会议上指出，旅游投资已成为中国旅游产业提质增效、转型升级的主要动力。至 2014 年，我国旅游行业已经过 36 年的发展，旅游业的投资已初具规模，也积累了研究所需的素材。笔者认为，研究旅游企业的投资行为具有积极的现实意义和很好的理论价值。

1.1.2 研究方法

本书采用理论分析和实证研究相结合的方法进行研究。

1. 理论研究方法

本书采用规范研究方法对旅游企业投资行为各方面的国内外文献进行搜集、综述和简评。本书通过对文献的回顾和梳理，借鉴前人的研究思路和研究经验，明确可供进一步研究的领域，确定研究变量和科学研究方法，并结合我国的实际情况提出较为合理的假设。

2. 实证研究方法

在对数据进行分析处理时，笔者首先采用描述性统计方法计算了旅游企业各个变量的均值、标准差、中位数、最小值、最大值等基本数据，提供各个指标的概貌；然后采用皮尔逊（Pearson）相关分析对主要变量之间的关系进行了单因素分析；最后采用调整异方差之后的多元回归方法对回归系数进行估计。笔者还对存在多重共线性问题的方程进行了处理，对一些假设进行了稳健性检验，以增强研究结论的可靠性。

1.2 研究内容及样本选择

1.2.1 研究内容

企业的财务行为包括筹资行为、投资行为、营运行为和分配行为,其中投资可谓是财务管理最重要的环节。通过阅读前人的相关文献,笔者发现,从财务的角度研究旅游上市公司投资问题的文献尚不多见。尤其是定量研究相对较少。目前财务学界关于企业投资研究的文章大体分为三类:一类是从投资存量的角度研究企业的资产结构状况及其对绩效的影响;另一类是从投资流量的角度研究企业的投资支出的效率及其影响因素;还有一类是从投资方式的角度研究企业多元化投资的经济后果。本书准备先从存量的角度对旅游企业的资产结构进行分析;再从流量的角度对旅游企业的投资支出效率进行分析;最后从投资方式的角度研究旅游企业的多元化投资行为。

本书的研究从下面三个方面展开。

1. 旅游企业资产结构及其对企业绩效的影响研究

资产结构是指企业各种资产的构成比例,例如流动资产、固定资产、无形资产和长期投资之间的比例关系及其各自占总资产的比重,以及流动资产内部的货币资金、应收款项、存货之间的比例关系及其各自占流动资产的比重,等等。合理配置企业的各种资源,有利于发挥各种资产的协同作用,提高企业价值,改善企业绩效。本书首先对国内外文献进行综述,其次设定研究变量和模型,再运用统计方法检验旅游企业的资产结构与绩效之间的关系,最后提出合理化建议。

2. 旅游企业投资效率及其影响因素研究

效率是指消耗的劳动量与所获得的劳动效果的比率。投资效率的高低对企业具有极其重要的影响。前人的研究指出,影响旅游企业投资的因素有负债融资水平、公司治理结构等。但是大部分的文献是研究这些因素对投资支出的影响,鲜有文献是从财务学的角度来研究影响旅游企业投资效率的因素的。本书在文献分析的基础上,选择财务研究领域广泛使用的投资期望模型来计算旅游企业的投资效率指标;然后分别从债务融资、公司治理结构和会计稳健性三方面对旅游企业投资效率的影响因素进行深入研究。

3. 旅游企业投资多元化行为及其经济后果研究

旅游企业广泛地进行了多元化行业的投资。多元化能够给旅游企业带来更好的经济后果吗？相关多元化与不相关多元化对旅游企业的影响是否有所差异？前人已经作了一些研究，但囿于数据量的限制，有所缺憾，也没有得出一致的结论。本书首先手工计算出旅游企业的整体多元化、相关多元化和不相关多元化指标，其次分别通过多元化对绩效的影响和多元化对经理人及控股股东代理成本的影响两个小节，研究旅游企业多元化的经济后果。

本书按照总—分—总的思路安排研究框架，具体如图1-1所示。

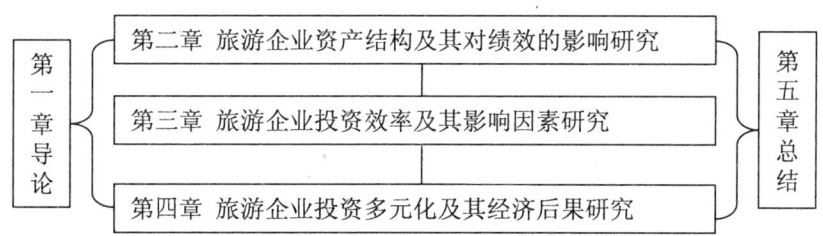

图1-1 研究框架图

1.2.2 样本选择

出于数据可获得性的考虑，笔者把研究对象锁定为沪深两市的旅游业上市公司。目前学术界对于什么样的企业属于旅游企业存在不同意见。刘海英、王素洁（2007）指出："一般来说，人们认为旅游业主要包括旅行社、以饭店为代表的住宿业、餐馆业、交通客运业、游览娱乐业、旅游用品和纪念品销售行为等"，但她们又指出，由于交通运输业上市公司的产业归口问题意见还不完全一致，因此暂不将其纳入旅游类上市公司的范畴。她们将《上市公司行业分类指引》分类标准中的旅馆业、餐饮业归并为酒店类，将旅游业拆分为景点类和综合类。在剔除经营业务发生变化的公司和被ST、PT的公司之后，她们共选出20家旅游上市公司。王彩萍、徐红罡（2008）指出，与其他产业不同，旅游业不是一个单一的产业，而是一个产业集群，由多个相关的产业组成，具有多样性和分散性。因此他们认为旅游行业包括景点经营、旅行社和旅馆业、餐饮业、娱乐业以及会展业务，也没有包括交通运输业。由于国旅联合（600358）在2002年转型为以房地产为主业，在2006年又转变为以客运为主业；锦江投资（600650）在2003年转型为以运输为主业，因此王彩萍、徐红罡（2008）认为这两家企业不宜纳入旅游企业的范围，最后他们选出20家左右旅游上市公司作为研究样本。靳明、邓广华（2008）在剔除经营业务发生变化的或ST公司之后，得到19家旅游上市公司，包括资源类、酒店类和综合类三种类型。黄海玉、黄文涛（2011）剔除了ST、PT的公司和数据不全的公司后，得到15家旅游上市公司，包括饭店类、综合类和资源类三种类型，其中综合类包括旅行社和1家餐饮企业（西安饮食）。周春梅（2011）选取2003年以前上市的旅游企业进行研究，在剔除了财务状况异常（ST零七、ST东海A、*ST张股）、主营业务发生变化（西藏旅游）和仅发行B股（锦旅B股）的几家上市公司之后，筛选出15家旅游上市公司作为研究样本。段正梁、危湘衡（2013）选取了2002—2008年大部分时间以旅游为主业、至今尚存续的19家旅游上市公司，包括旅馆业、旅游业和餐饮业三种类型。王彩萍、徐红罡（2008）没有列出具体的样本公司名称，其余五篇文献列出了样本公司的名称。笔者予以归纳，具体如表1-1所示。

表1-1　　一些文献所包括的样本旅游上市公司名称

刘海英、王素洁（2007）	靳明、邓广华（2008）	黄海玉、黄文涛（2011）	周春梅（2011）	段正梁、危湘衡（2013）
新都酒店	新都酒店	新都酒店	新都酒店	零七股份
华侨城	华侨城	东方宾馆	华侨城	华侨城A
华天酒店	华天酒店	西安旅游	华天酒店	华天酒店
张家界	东方宾馆	西安饮食	东方宾馆	东方宾馆
东方宾馆	西安旅游	北京旅游	西安旅游	西安旅游
西安旅游	西安饮食	峨眉山A	西安饮食	西安饮食
金德发展	北京旅游	桂林旅游	北京旅游	北京旅游
天伦置业	峨眉山A	黄山旅游	峨眉山A	峨眉山A
西安饮食	桂林旅游	中青旅	桂林旅游	桂林旅游
峨眉山A	丽江旅游	首旅股份	黄山旅游	丽江旅游
桂林旅游	黄山旅游	国旅联合	中青旅	黄山旅游
黄山旅游	中青旅	大连圣亚	首旅股份	中青旅
中青旅	首旅股份	西藏旅游	国旅联合	首旅股份
美都控股	国旅联合	锦江股份	大连圣亚	国旅联合
首旅股份	大连圣亚	锦旅B股	锦江股份	九龙山
国旅联合	锦江投资			大连圣亚
锦江投资	锦江股份			西藏旅游
西藏圣地	东方明珠			锦江股份
锦江酒店	西藏旅游			锦旅B股
东方明珠				

笔者查询国泰安经济金融数据库的数据，发现目前沪深两市A股旅游业上市公司（包括上市公司行业分类代码中的旅游业、饭店业、餐饮业）有30家左右。参照前人的样本筛选方法，笔者剔除了多年资不抵债、发生多次或重大资产重组、被ST、PT或*ST、只发行B股以及发生主营业务转型或与旅游业相关度较小的上市公司，最后得到21家旅游上市公司进行分析。具体公司名称如表1-2所示。

表1-2　　　　　　　　本书样本公司名称

股票代码	公司名称	股票代码	公司名称	股票代码	公司名称
000069	华侨城A	000978	桂林旅游	600138	中青旅
000428	华天酒店	002033	丽江旅游	600258	首旅股份
000524	东方宾馆	002059	云南旅游	600593	大连圣亚
000610	西安旅游	002159	三特索道	600749	西藏旅游
000721	西安饮食	002558	世纪游轮	600754	锦江股份
000802	北京旅游	300144	宋城股份	601007	金陵饭店
000888	峨眉山A	600054	黄山旅游	601888	中国国旅

2001年以后，我国证监会颁布了一系列的规章制度，对上市公司的监管日趋严格，上市公司的信息披露较2001年以前也更加透明和规范。因此，笔者将样本公司的研究区间确定为2001—2013年，经整理后样本容量共包括215个公司年。

参考文献

[1] 段正梁、危湘衡：《旅游企业多元化并购类型与长期绩效的关系——以2002—2008年中国旅游上市公司为例》，载《旅游学刊》，2013（2）：86-93。

[2] 黄海玉、黄文涛：《我国旅游上市公司多元化经营绩效分析》，载《江西财经大学学报》，2011（3）：44-51。

[3] 靳明、邓广华：《旅游行业上市公司多元化经营绩效的实证检验》，载《西安邮电学院学报》，2008（6）：92-97。

[4] 刘海英、王素洁：《旅游行业上市公司多元化经营与公司价值实证检验》，载《北京第二外国语学院学报》，2007（5）：57-61。

[5] 王彩萍、徐红罡：《旅游企业多元化经营的经济后果分析》，载《旅游学刊》，2008（7）：18-22。

[6] 周春梅：《旅游上市公司投资效率的测度与分析——基于募集资金投向变更视角的研究》，载《乐山师范学院学报》，2011（4）：pp.56-59。

第二章　旅游企业资产结构及其对绩效的影响研究

2.1　文献综述

投资者对企业的投入在会计上记录为负债和所有者权益，而资金的使用则记录为一项项的资产。资产结构是指企业各种资产的构成比例，包括流动资产、固定资产、无形资产和长期投资之间的比例关系及其占总资产的比重，以及流动资产内部的货币资金、应收款项、存货之间的比例关系及其占流动资产的比重等。威廉·L·麦金森（William L. Megginson）在《公司财务理论》一书中提出，企业价值不是取决于企业的资本结构，而是企业的资产结构。合理配置企业的资产，有利于发挥各种资产的协同作用，提高企业价值，改善企业绩效。因此，国内外学者对企业资产结构进行了大量研究。下面笔者对相关研究进行综述。

2.1.1　国外文献综述

Czyzewski 和 Hicks（1992）通过对美国 28 000 多家公司的数据分析，发现资产报酬率高的企业现金持有量相对充足，同时其他流动资产占总资产的比重也更高，而固定资产和存货占总资产的比重较低，应收账款占总资产的比例则没有确定的倾向。

Skarabot（2001）建立了一个模型，证明公司可以通过整合全部资产、部分资产证券化或资产剥离的手段，使公司实现最佳资产组合，从而实现企业价值最大化。他认为资产结构对企业价值具有重要影响。

Ben–Hsien Bao 和 Da–Hsien Bao（2004）搜集了美国 Research Insight 数据库里面的 828 家公司的数据，研究了存货水平与公司价值的关系。他们发现存货水平对公司价值产生明显的影响。他们认为，公司的存货计划如果比较合理，则能提升企业价值。

Krause（2006）建立了一个研究框架，按照损失对未来收益的不同影响，把资本分为经营资本、风险资本和信号资本，经营资本用于支持高流动性的外围资产，风险资本用于支持中度流动性的非核心资产，信号资本用于支持低流动性的核心资产。他指出，应该使总资本成本（包括机会成本和破产成本）最小化，以获得最佳的资产和资本结构。

Kehinde 和 Mosaku（2006）利用经审计的公司的数据和调查问卷，考察了尼日利亚中等规模的建筑公司的资产结构及其对经营的影响，发现这些公司的固定资产比例小于 50%，而流动资产里面应收款项占比最大。他们认为这种资产结构不利于这些公司从银行获得中长期贷款，不利于这些公司竞标建筑项目，会损害公司的绩效。

Agiomirgianakis 等（2006）利用希腊制造业公司 1995—1999 年的 3 094 个面板数据对希腊制造业企业进行分析，发现固定资产增长率以及资产管理的效率均会影响公司的收益率。

Asimakopoulos 等（2009）考察了雅典证券交易所 1995—2003 年的希腊上市公司数据，发现流动资产比例与公司绩效负相关。他们认为，流动资产比例高说明存货或应收账款的管理存在问题，因此影响了绩效。

Ferreira 和 Camara（2010）研究了美国和巴西两个国家的企业的现金持有水平和企业绩效的关系，发现巴西企业的现金持有水平与企业绩效（以总资产报酬率 ROA 表示）正相关，而美国企业的现金持有水平与绩效呈正 U 型关系。

Reyhani（2012）研究了德黑兰上市公司资本结构对绩效的影响，发现固定资产比例与息前税前利润显著正相关。

Dong 等（2012）考察了中国上市公司，发现固定资产比例和管理费用更高并且获得税收优惠政策的公司的风险调整后的绩效更低。他们认为税收优惠政策促使公司进行固定资产方面的过度投资。

Martinez - Sola 等（2013）利用美国制造业公司 2001—2007 年的数据，考察了现金持有对公司价值的关系，发现公司的现金持有水平与公司价值之间存在倒 U 型关系，说明公司存在一个最优的现金持有水平。他们还发现，偏离这个最优水平会损害公司的价值。

2.1.2 国内文献综述

(一) 资产的分类及资产结构模式研究

倪红霞、许拯声 (2003) 指出，资产按照对企业收益的作用可分为三类：直接形成企业收益的收益性资产 (包括固定资产、商品资产、投资资产等)、对企业一定时期的收益不产生影响的保值性资产 (包括货币资产)，以及抵扣企业一定时期收益的支出性资产 (包括非商品和产品的资产、非固定资产、支出性无形资产等)。他们认为，企业应尽可能增加直接形成企业收益的资产的比重，减少其他两类资产的比重。

张俊瑞、薛旺辰、武立勇 (2007) 指出，企业的资产结构可以分为中庸型结构、保守型结构和扩张型结构三种模式。中庸型结构是指流动资产等于或近似等于长期资产的结构，这种结构比较稳定。保守型结构是流动资产大于长期资产的结构，这种结构下企业重视营运资金的保有，注重保持足够的偿债能力，重视维持简单再生产或内涵式的扩大再生产，重视现有生产经营能力的维持。扩张型结构是流动资产小于长期资产的结构，企业把大量资产配置在固定资产、长期投资及无形资产等变现较慢的资产上，风险相对较大。

王改芝 (2008) 把资产划分为产能性资产、周转性资产和消耗性资产。产能性资产是企业经营活动中的主要生产资料，包括固定资产和无形资产。周转性资产是在经营过程中形态发生变化，价值保持稳定的资源，如流动资产或企业的净营运资金。消耗性资产是指企业在经营过程中发生的各种费用，主要指管理费用、销售费用和财务费用。

阮建军、陈雨溦 (2014) 根据公司账面价值与清算价值的偏离程度，把资产分为强金融资产、强实物资产、强无形资产三种类型。他们认为强金融资产结构类型公司广泛分布于银行、保险、信托、投资银行等金融行业中；强实物资产结构类型公司广泛分布于钢铁、有色金属、煤炭、普通消费品加工生产等行业中；强无形资产结构类型公司广泛分布于电子技术、航空航天、精密仪器、生物医药等行业中。

(二) 资产结构与绩效关系研究——旅游文献

旅游方面研究资产结构与绩效关系的文献很少。笔者搜寻到三篇文献，主要是研究无形资产对绩效影响的。邢丹丹等 (2010) 选取 2001—2009 年 14 家旅游上市公司的 126 个样本进行分析，发现旅游上市公司的无形资产占总资产的比重仅为 10%，远低于西方发达国家 30% 的水平。她们发现旅游上市公司的无形资产和主营业务利润正相关，并且无形资产的贡献度高于固定资产对主营业务利润的贡献度。邢丹丹（2012）的研究也得到类似的结论。何萍（2013）选取2003—2012年29家旅游上市公司的数据为样本，也发现旅游上市公司的无形资产和主营业务利润显著正相关。她还将无形资产细分为三类，分别进行了考察，发现技术类无形资产对绩效的贡献最为显著。

（三）资产结构与绩效关系研究——其他文献

吴树畅（2003）选取了523家沪市上市公司的数据，发现流动资产比例与企业绩效呈正相关关系，他进一步得出在企业整体盈利水平不高的情况下，与融资结构相比，资产结构对企业绩效的贡献系数更大。

陈妍（2004）对42家电力上市公司进行统计，发现电力行业上市公司的流动资产越多，企业绩效越差，而固定资产越多，企业绩效越好；货币资金比例与企业绩效也呈正相关关系。

刘宏（2004）考察了我国A股上市公司1992—2001年的数据。他认为我国目前企业对外短期和长期投资的比重过大，已经与企业的绩效负相关，指出企业应该控制过度投资，做强主业，减少投机行为，提高企业的核心竞争力和盈利能力。

逯全玲（2004）选取412家沪深两市上市公司进行研究，发现流动资产比例与公司绩效正相关。刘猛、王婵（2005）考察了2003年的60家沪市上市公司，也发现流动资产比例与绩效呈正比。

刘百芳、汪伟丽（2005）研究了2000—2002年38家山东省上市公司的数据，发现流动资产比例的增加可以提高企业的净资产收益率；固定资产比例、无形资产比例和长期投资比例的增加会降低企业的净资产收益率。

宫义飞（2005）对2000—2002年15家化工行业上市公司的研究表明，绩优公司的资产结构较稳定，存货比例和应收账款比例均低于行业平均值。

白喜波（2007）采用2005年上市的1 330家公司的年度数据，发现流动资产比例与企业绩效正相关，而固定资产和无形资产对绩效没有显著影响。他指出，提高固定资产的投资效率、加大无形资产的资本化力度是企业未来资产管理的重点。

刘桂宏（2007）研究了制造业、批发零售业、运输仓储业、信息技术业4个行业2003—2005年的642家上市公司的数据，发现不同行业的公司的资产结构对绩效的影响不尽相同：制造业上市公司的固定资产比例和无形资产比例与绩效显著正相关；批发零售业上市公司的流动资产比例和长期投资比例与绩效显著负相关；交通运输仓储业上市公司的长期投资比例与绩效呈显著正相关关系；信息技术业上市公司的流动资产比例、固定资产比例和长期投资比例与绩效显著负相关，而无形资产比例与绩效显著正相关。

钭志斌（2007）对27家汽车上市公司2003—2005年的固定资产结构进行了分析，发现固定资产比例与企业绩效呈负相关关系。他通过对固定资产内部结构的分析，发现汽车生产企业存在生产经营用固定资产投入不足、固定资产更新改造步伐缓慢等问题。

汤亚丽、刘桂宏（2007）选取沪深两市44家高新技术上市公司2003—2004年的数据进行研究，发现流动资产比率与企业绩效显著负相关，存货比例与公司绩效显著性较低，无形资产比例与公司绩效微弱负相关。

王怀明、闫新峰（2007）对2005年的48家农业上市公司进行了统计，发现流动资产与公司绩效没有显著关系；长期投资比例与公司绩效显著正相关；无形资产比例与公司绩效显著负相关；固定资产比例与公司绩效无显著相关性。

李婷（2008）对电力、煤气及水的生产和供应业、信息技术业、农林牧副渔业、制造业、采掘业、建筑业、交通运输业、批发零售业这八个行业上市公司的数据进行了研究，发现绝大多数规模要求较高、固定资产需求较大的行业，其固定资产比例与企业绩效都表现出显著的正相关关系，而流动资产比例与企业绩效表现出显著的负相关关系；相反，大多数规模要求较低、固定资产需求较少、流动资产要求较高的行业的固定资产比例与企业绩效表现出负相关关系，而流动资产比例与企业绩效表现出正相关关系。无形资产比例和存货的比例在各个行业中都与企业绩效不显著相关。

王改芝（2008）把资产划分为产能性资产、周转性资产和消耗性资产，考察了沪深两市非金融行业A股上市公司2002—2006年的6 525个数据样本。她发现产能性资产对经营业绩总体影响为正，周转性资产和消耗性资产对经营业绩影响为负。她认为这说明产能性资产的投资效率具有持久性，周转性资产投资效率不高，消耗性资产投资的效果具有滞后性。

常颖、孙丽颖（2009）选取了2001—2007年上市公司中的农林牧副渔业、制造业、交通运输仓储业、信息技术业、批发和零售贸易业五个行业进行分析，发现资产结构与企业绩效之间存在微弱的倒U型曲线关系，而非严格的线性关系。因此，她们认为各种资产并非越多越好，而是有一个合理的比例。

顾水彬（2009）搜集了2006年普通机械制造业49家上市公司的样本数

据，发现流动资产比例高达60%~80%，但流动资产比例与公司绩效不显著相关。他认为这说明我国机械制造业工艺水平不高，利润总额要靠量来支撑，这种模式使得大量的资金占用在产品及材料的购置上，造成流动资产比例过高。

覃智勇、刘卫（2009）搜集了2001—2006年的22家广西省上市公司样本，发现广西上市公司的流动资产比例与公司业绩正相关；固定资产比例与公司业绩负相关；无形资产比例与公司业绩负相关。

潘三毛、张月友（2009）搜集了沪深两市2006年的589个上市公司的数据，发现资产结构与盈利能力线性相关；存货比例、流动资产比例和固定资产比例的组合与绩效显著负相关；现金资产比例与绩效显著正相关；应收款项比例与绩效显著负相关；长期投资比例与绩效关系不显著。

孙丽颖（2009）选取沪深两市2001—2007年的农林牧渔业、制造业、交通运输仓储业、信息技术业、批发和零售贸易业和房地产业六个行业上市公司的8 953个公司年数据，研究了资产结构与绩效之间的关系。她发现，流动资产比例、固定资产比例、无形资产比例与企业绩效之间的关系都不是绝对的线性关系，而呈现曲线关系。

周艳（2009）选取了制造业、农业和商业三个行业2007年的数据进行分析，发现在制造业和商业中，流动资产比率与企业绩效微弱正相关；但在农业中，两者却没有明显的相关关系。

李靖、孙新宪（2010）考察了17家交通运输业上市公司2007年和2008年的数据，发现流动资产比例与企业绩效呈显著负相关关系；流动资产与固定资产之比和企业绩效呈负相关关系。

刘嘉庭（2010）以沪市制造业上市公司2001—2008年的1 416个样本数据为对象，研究资产结构与公司绩效之间的关系，得出固定资产比例与绩效呈现微弱的正相关关系，流动资产比例与绩效之间存在非线性关系的结论。

丁杭（2011）指出，总资产的结构和各类资产的内部结构都影响着企业的财务绩效，合理配置资产结构可以更有效地提高企业的绩效。他认为我国企业应该提高固定资产和无形资产的比例，适当增加货币资金在流动资产里面的比例，降低应收账款和存货的比重。

邱书明、冯建民、凌海怡（2011）选取2009年电子制造业91家上市公司为样本，发现流动资产、无形资产与绩效显著正相关，而固定资产、长期投资与绩效无显著相关性。他们还发现，现金有价证券比例、存货比例和应收款项比例均与企业绩效正相关。

徐杨（2011）考察了我国 A 股上市公司制造业、批发零售业、运输仓储业、信息技术业四个行业 2003—2006 年的数据，发现资产结构对我国上市公司的绩效有影响，不同行业的资产结构对企业绩效的影响不相同。他指出，企业应该适当降低流动资产比例，增加对固定资产和无形资产的投资，加大长期投资力度，以提高获利能力。

张军华（2011）选取创业板中前四批上市企业 2008 年的 43 家上市公司的数据，发现流动资产比例、固定资产比例、无形资产比例均与企业绩效呈现负相关关系。

白彦炜（2011）对我国沪深两市 127 家房地产业上市公司 2007—2009 年的数据进行了分析。他发现房地产业上市公司大多数采用保守型的资产结构，流动资产比例过大，固定资产比例及无形资产比例偏小。流动资产里面的货币资金比例过大，应收款项的比例过小，存货比例过小。

刘一（2011）选取了 2007—2009 年上市的 764 家制造业上市公司的数据进行分析，发现固定资产比例与经营业绩显著负相关，流动资产比例与经营业绩显著正相关，存货比例与经营业绩负相关，无形资产与经营业绩正相关。

袁放建、许燕红、刘德运（2011）采用 2004—2009 年传统行业上市公司的 3 858 个样本数据，发现流动资产比例和货币资金比例与企业价值正相关，流动债务再融资率与企业价值负相关。

郑婷元（2012）选取 2007—2010 年的 33 家农业上市公司的样本数据，发现长期投资比例与企业绩效呈现显著的正相关关系。

张俊瑞等（2012）考察了 1999—2006 年的 745 家上市公司的数据，发现资产结构与生产效率和企业价值之间存在倒 U 型关系，而并非线性关系。他们认为，这说明任何资产都不能过高或过低，否则对企业的价值都会造成损害。

刘百芳、吕爽（2012）分析了我国 2011 年汽车制造业上市公司的资产结构，发现存在固定资产比重偏小、无形资产较少、技术开发投入严重不足、应收账款比例偏大等问题，影响了公司的盈利能力。

王绍凤、刘思辰（2012）选取 A 股上市公司 2000—2009 年的数据进行计算，发现资产结构显著地影响了盈利能力：存货比例与盈利能力正相关，而无形资产比例与盈利能力负相关。

王鑫（2012）选取沪深两市 2008—2010 年制造业上市公司为样本，发现大多数收益性资产，如货币资金、流动资产、应收账款、长期投资均与企业绩效呈正相关关系，而不能带来收益的资产如固定资产，会导致企业绩效的负增长。

白璐（2012）以沪深两市食品饮料行业2007—2010年上市公司的数据为研究对象，发现食品饮料行业的流动资产比例的增加会提高公司业绩，固定资产比例的增加会降低企业业绩。

方炜俊、钱玮文（2013）选择了2010—2011年的11家航空航天业上市公司的数据进行研究，发现流动资产比例与企业绩效呈正相关。

贺莉（2013）研究了固定资产比例、流动资产比例对医药制造业上市公司的影响，发现流动资产比例的增加会降低企业绩效，而固定资产比例的增加会提高企业绩效。

贺浩淼、汪倩（2013）选取电力、煤炭、石油三大能源行业的106家上市公司为样本，发现固定资产比例和公司绩效无显著关系。他们认为这表明能源行业固定资产利用效率低，资源配置有待完善。

李晶（2013）以我国汽车制造业44家上市公司2006—2011年的数据为样本，发现流动资产比例与企业绩效不具有显著相关性，固定资产比例、在建工程与工程物资之和的比例与企业绩效具有微弱的负相关性。她认为这说明汽车企业规模过度扩大，对绩效产生负面影响。

朱沛（2013）根据资产存在形态的不同，将资产分为实物资产、金融资产（包括长期股权投资、交易性金融资产、持有至到期投资和可供出售金融资产）和无形资产（包括无形资产和商誉）；根据用途的不同，把资产分为收益性资产、保值性资产（库存现金和预付款项）和支出性资产（固定资产、固定资产清理、无形资产、开发支出、长期待摊费用）。他选取2009—2011年A股上市公司中的制造业、交通运输仓储业、信息技术业、房地产业、批发和零售贸易业五个行业的3 615家公司的数据进行研究，发现企业绩效随着实物资产、无形资产、收益性资产、保值性资产比例的增加而增加，随着支出性资产比例、金融资产比例的增加而减少。

徐义华（2013）以沪深两市高科技行业2010—2012年上市的530家公司为样本，分析资产结构与盈利能力之间的关系。他发现，现金资产比例与盈利能力呈现倒U型关系；固定资产比例与盈利能力呈现负相关关系；而债权性资产比例、存货比例、无形资产比例与盈利能力之间没有显著关系。

孟艳玲、张俊瑞（2014）发现，不同生命周期阶段资产结构对企业价值的影响有差异。引入期、衰退期、淘汰期三个阶段的流动资产比重与企业价值正相关；成长期、成熟期两个阶段的流动资产比重却与企业价值负相关。她们指出，企业应该综合考虑所处的不同的生命周期阶段，适当增加或降低流动资产比重，增加企业价值。

杨远霞（2014）发现，2003—2012年，湖南省上市公司的流动资产比率与公司绩效呈现微弱的正相关关系，固定资产比率对公司绩效的影响不显著。

李晓丽（2014）考察了2007—2012年山西省煤炭上市公司的数据，发现货币资金比率、应收账款比率、存货比率、固定资产比率与盈利能力显著相关；无形资产比率与盈利能力的关系不显著。

薛芳芳（2014）选择2008年沪深两市35家煤炭上市公司作为研究样本，发现流动资产比例、存货占流动资产比例与企业绩效显著负相关。

罗翔、刘婷（2014）选取2012年13家稀土类上市公司作为研究样本，发现流动资产比例、固定资产比例和无形资产比例都与企业绩效负相关。

2.1.3　文献简评

国外文献虽然不多，但其对固定资产比例、流动资产比例，以及流动资产内的现金、存货、应收账款的比例对企业绩效的影响都有所探讨。个别文献比较了发达国家与发展中国家现金持有水平的差异，有的文献还发现资产结构与企业绩效之间存在着非线性关系。Kehinde和Mosaku（2006）对尼日利亚建筑公司的研究展示出资产结构与绩效之间的关系受到行业因素的影响。

研究企业资产结构的国内文献则比较多。其中一些国内文献提出了对资产的新的分类方法。如倪红霞、许拯声（2003）提出的收益性资产、保值性资产和支出性资产的分类方法；王改芝（2008）把资产划分为产能性资产、周转性资产和消耗性资产；阮建军、陈雨溦（2014）把资产分为强金融资产、强实物资产、强无形资产三种类型，等等。虽然有一些后续研究参考了这些新的分类方法，但是总体来看，这些新的分类方法尚不够完善，没有得到普遍应用，而传统的流动、非流动分类方法仍在国内研究中普遍运用。国内关于资产结构的研究对象集中在流动资产、固定资产、长期投资、无形资产，以及流动资产里面的货币资金、存货和应收款项等资产项目上面。对于各资产项目与企业绩效之间的关系，各文献得出的结论不一致，存在着正相关、负相关和不显著相关的多种结论，有的文献还得出了资产结构与企业绩效之间存在非线性关系的结论，如常颖和孙丽颖（2009）、刘嘉庭（2010）、张俊瑞（2012）、徐义华（2013）、孟艳玲和张俊瑞（2014）等。笔者认为，正如刘桂宏（2007）、徐杨（2011）所指出的，资产结构的研究不能笼统化，而是因行业而异，因此有必要按照行业来进行研究。迄今为止，笔者仅查找到研究旅游企业无形资产与绩效关系的三篇文献，应该说研究旅游企业资产结构及其对绩效影响的文献还是比较缺乏的，笔者拟对此进行探讨。

2.2 实证检验

2.2.1 变量设定

表2.1统计了上述国内文献研究中的企业绩效指标、资产结构指标和控制变量。其中ROE为净资产收益率，指公司的净利润与股东权益平均余额之比；ROA为总资产报酬率，指公司的净利润与总资产平均余额之比；ROS为销售利润率，指公司的净利润与全年营业收入之比；托宾Q指公司期末的市场价值与总资产账面价值之比。

表2-1 国内文献研究中的企业绩效指标、资产结构指标和控制变量

文献	企业绩效指标	资产结构指标	控制变量
吴树畅（2003）	ROE	流动资产比率	ROA、资产负债率、总资产周转率、国有股比率
陈妍（2004）	ROA	固定资产比率、货币资金比率、应收往来款比率、存货比率、流动资产与固定资产比率	无
逯全玲（2004）	ROE	流动资产比率	资产负债率、国有股比率、ROA
刘猛、王婵（2005）	ROE	流动资产比例	资产负债率、总资产周转率、非流通股比率
刘百芳、汪伟丽（2005）	ROE、总资产营业利润率	流动资产比率、固定资产比率、无形资产比率、长期投资比率	资产负债率、企业规模、应收账款周转率、净利润增长率
白喜波（2007）	ROE	流动资产比率、固定资产比率、无形资产比率	总资产增长率、资产负债率、经营现金流量、投资现金流量、筹资现金流量、公司规模

续表

文献	企业绩效指标	资产结构指标	控制变量
刘桂宏（2007）	主成分方法得出的综合绩效指标	流动资产比率、固定资产比率、长期投资比率、无形资产比率	企业规模、前十大股东持股比例
汤亚丽、刘桂宏（2007）	ROE	流动资产比率、存货比率、无形资产比率	企业规模、资产负债率、总资产周转率
斜志斌（2007）	ROE	固定资产比率	资产负债率、总资产周转率
王怀明、闫新峰（2007）	ROE	流动资产比率、长期投资比率、固定资产比率、无形资产比率	资产负债率、总资产周转率、第一大股东持股比例
李婷（2008）	ROA	流动资产比率、固定资产比率、存货比率、无形资产比率、流动资产与固定资产比率	企业规模、资产负债率
王改芝（2008）	ROS、ROA、ROE	产能性资产比率、周转性资产比率、消耗性资产比率	销售增长率、企业规模
顾水彬（2009）	ROA	流动资产比率	资产负债率、总资产周转率、非流通股比率、企业规模
覃智勇、刘卫（2009）	ROE	流动资产比率、固定资产比率、无形资产比率	企业规模、资产负债率、总资产周转率
孙丽颖（2009）	ROE	流动资产比率及平方、固定资产比率及平方、无形资产比率及平方、固定资产与流动资产比率的平方	资产负债率、企业规模等
邢丹丹（2010）	主营业务利润	固定资产比率、无形资产比率	资产负债率、企业规模、旅游上市公司类型
白彦炜（2011）	ROA	流动资产比率、固定资产比率、无形资产比率、货币资金比率、存货比率、应收款项比率	企业规模、资产负债率、总资产周转率
邱书明、冯建民、凌海怡（2011）	主成分方法得出的综合绩效指标	流动资产比率、固定资产比率、无形资产比率、长期投资比率、现金及有价证券比率、存货比率、应收款项比率	企业规模、资产负债率、第一大股东持股比例

续表

文献	企业绩效指标	资产结构指标	控制变量
徐杨（2011）	ROE	货币资金比率、应收账款比率、存货比率、流动资产比率、固定资产比率、无形资产比率、长期投资比率	企业规模、总资产周转率、资产负债率
袁放建、许燕红、刘德运（2011）	托宾Q	流动资产比率、货币资金比率、其他流动资产比率	企业规模、市净率
张军华（2011）	总资产营业利润率	流动资产比率、固定资产比率、无形资产比率（其中无形资产扣除了土地使用权、采矿权、养殖权，加上了开发支出）	企业规模、净利润增长率
邢丹丹（2012）	主营业务利润	固定资产比率、无形资产比率	资产负债率、企业规模、旅游上市公司类型
白璐（2012）	总资产营业利润率	流动资产比率、固定资产比率、固定资产与流动资产比率	企业规模、资产负债率
王绍凤、刘思辰（2012）	ROE、ROA、EPS	现金比率、应收账款比率、存货比率、流动资产比率、固定资产比率、无形资产比率、长期投资比率	无
王鑫（2012）	主成分方法得到的综合绩效指标	流动资产比率、固定资产比率、无形资产比率、货币资金比率、长期投资比率、存货比率、应收账款比率	企业规模、资产负债率、第一大股东持股比例、企业内部控制指数、高管持股比例、监事会规模
郑婷元（2012）	ROE	流动资产比例、固定资产比例、无形资产比例、长期投资比例	企业规模
方炜俊、钱玮文（2013）	ROA	流动资产比率	资产负债率、流动资产周转率
何萍（2013）	主营业务利润	固定资产比率、无形资产比率	资产负债率、企业规模、旅游上市公司类型
贺浩森、汪倩（2013）	ROA	固定资产比率	固定资产周转率

第二章 旅游企业资产结构及其对绩效的影响研究

续表

文献	企业绩效指标	资产结构指标	控制变量
贺莉（2013）	总资产营业利润率	流动资产比率、固定资产比率、固定资产与流动资产比率	企业规模、第一大股东持股比例、总资产周转率
李晶（2013）	因子分析法得到的综合绩效指标	流动资产比率、固定资产比率、（在建工程＋工程物资）/总资产比率	企业规模、经营活动现金净流量
徐义华（2013）	ROS、ROA、ROE	现金比率、存货比率、固定资产比率、无形资产比率、债权性资产比率	资产负债率、销售毛利率、营业收入
朱沛（2013）	因子分析法得到的综合绩效指标	金融资产比率、无形资产比率、实物资产比率、保值性资产比率、支出性资产比率、收益性资产比率	企业规模、资产负债率、第一大股东持股比例
罗翔、刘婷（2014）	主成分方法得出的综合绩效指标	货币资金比率、存货比率、流动资产比率、固定资产比率、无形资产比率	无
李晓丽（2014）	ROA、ROE	货币资金比率、应收账款比率、存货比率、固定资产比率、无形资产比率	无
孟艳玲、张俊瑞（2014）	托宾Q	流动资产比率	企业规模、独立董事比例、前五大股东持股比例平方和、高管薪酬、资产负债率、销售增长率
薛芳芳（2014）	总资产营业利润率	流动资产比率、固定资产比率、货币资金比率、应收账款比率、存货比率	第一大股东持股比例、产期负债比率
杨远霞（2014）	ROA	流动资产比率、固定资产比率	资产负债率、企业规模、总资产周转率

从表2-1可以看出，企业绩效指标集中在ROE、ROA等指标上面。资产结构指标集中在流动资产比率、固定资产比率、无形资产比率、长期投资比率，以及流动资产内部的货币资金比率、交易性金融资产比率、存货比率和应

收款项比率上面。控制变量集中在资产负债率、总资产周转率、企业规模上面。由于资产的明细分类较细，不利于分析，借鉴前人的经验，笔者把一些项目进行了合并：把货币资金和交易性金融资产两个项目合并为现金资产；把应收票据、应收账款、其他应收款三个项目合并为应收款项；把可供出售金融资产、持有至到期投资、长期应收款、长期股权投资净额、长期债权投资净额等项目合并为长期投资；把固定资产、在建工程、工程物资和固定资产清理四个项目合并为固定资产；把无形资产和商誉两个项目合并为无形资产。借鉴前人的研究，本书选用净资产收益率（ROE）和总资产报酬率（ROA）作为企业绩效指标；选用流动资产比率、固定资产比率、无形资产比率、长期投资比率，以及现金资产比率、存货比率和应收款项比率作为资产结构指标；选用企业规模、资产负债率和总资产周转率作为控制变量。表2-2是本书关于资产结构和企业绩效关系研究的相关变量的定义。

表2-2 资产结构和企业绩效关系研究的相关变量的定义

变量	含义	计算公式
$ROE_{i,t}$	净资产收益率	i公司t期的净利润/i公司t期的股东权益平均余额
$ROA_{i,t}$	总资产报酬率	i公司t期的净利润/i公司t期的总资产平均余额
$Current_{i,t}$	流动资产比率	i公司t期的流动资产余额/总资产余额
$Fix_{i,t}$	固定资产比率	i公司t期的固定资产余额/总资产余额
$Int_{i,t}$	无形资产比率	i公司t期的（无形资产余额+商誉余额）/总资产余额
$Inv_{i,t}$	长期投资比率	i公司t期末（可供出售金融资产+持有至到期投资+长期应收款+长期股权投资净额+长期债权投资净额）/t期末总资产
$Cash_{i,t}$	现金资产比率	i公司t期的（货币资金余额+交易性金融资产余额+短期投资净额）/总资产余额
$Stock_{i,t}$	存货比率	i公司t期的存货资产余额/总资产余额
$Rec_{i,t}$	应收款项比率	i公司t期的应收款项资产余额/总资产余额
$Atr_{i,t}$	总资产周转率	i公司t期的主营业务收入/总资产平均余额
$Lev_{i,t}$	负债水平	i公司t期末总负债/t期末总资产
$Size_{i,t}$	公司规模	i公司t期末总资产的自然对数
$Year_n$	年度虚拟变量	由于样本数据区间是13年（2001—2013年），设置了12个年度虚拟变量$Year_1$、$Year_2$、$Year_3$……$Year_{12}$

2.2.2 理论假设

多数学者认为流动资产比例与绩效呈正相关关系。流动资产具备良好的变

第二章　旅游企业资产结构及其对绩效的影响研究

现能力，在现金为王的今天，流动资产一方面可配合固定资产在货币资金、存货、应收账款等方面进行必要的投入，另一方面具备交易功能和预防功能，可备企业在需要的时候使用，解救企业的危难。对于急需扩大经营规模的旅游企业而言，流动资产还远未到饱和的程度。因此，笔者提出第一个假设如下：

H1：旅游企业的流动资产比例越高，企业绩效越好。

关于固定资产比例与企业绩效的关系，大部分学者也提出了正相关的假设，并得到验证。但是固定资产比重过高会严重影响企业的流动性，大大增加经营风险，在外部经营环境不确定性增加的时候尤其如此。对于旅游企业尤其是饭店企业而言，需要保留一定的流动资产以配合固定资产的更新，为客户提供商业信用，如果固定资产比例过高，势必影响经营，降低企业绩效。因此笔者提出第二个假设如下：

H2：旅游企业的固定资产比例与企业绩效呈现倒 U 型关系，即随着固定资产比例的增加，企业绩效先上升，到一定程度就开始下降。

企业在无形资产方面的投入往往能提高企业的核心竞争力，增强业绩，但是过度的投入对业绩也会产生消极影响。由于我国企业对无形资产的重视才刚刚起步，还远远谈不到过多的情况，因此可以认为无形资产比例和企业绩效应该成正比例关系。笔者发现，旅游企业在无形资产方面的投入比例显著低于其他行业，处于极度短缺状态。而且邢丹丹等（2010）的研究也得出了无形资产与绩效正相关的结论。因此笔者提出第三个假设如下：

H3：旅游企业的无形资产比例越高，企业绩效越好。

旅游企业的平均盈利水平不高，净资产收益率（ROE）在 6% 左右，从事对外长期投资有利于改善企业绩效，增加企业收入。如黄山旅游（600054）投资于华安证券，2013 年获得投资收益 800 万元，占总税前利润的 3.45%。峨眉山 A（000888）投资于峨眉山印象文化广告传媒有限公司，2013 年获得利润 119.8 万元。总体来看，旅游公司的对外长期投资盈利居多数。因此笔者提出第四个假设如下：

H4：旅游企业的长期投资比例越高，企业绩效越好。

现金资产是企业流动性最强的一项资产，在现金为王的今日世界里，保有一定比例的现金资产非常重要。然而现金的收益性比较差，因此如果企业现金资产过多，则可能影响盈利能力。因此，预计旅游企业的现金资产比例与绩效之间的关系是倒 U 型关系。因此笔者提出第五个假设如下：

H5：旅游企业的现金资产比例与企业绩效呈现倒 U 型关系，即随着现金资产比例的增加，企业绩效先上升，到一定程度就开始下降。

企业存货资产比例较高，说明存货未能及时销售，周转能力差，也可能存在管理不善的问题。笔者曾经将国内酒店与国际酒店集团的存货周转率进行对比，发现二者差异巨大，国内旅游酒店的存货资产比例普遍大于国际酒店，对盈利能力产生消极的影响。因此，笔者提出第六个假设如下：

H6：旅游企业的存货资产比例越高，企业绩效越差。

企业的应收款项实质上是为其他单位提供的商业信用。旅游企业的应收账款实质是市场竞争的产物，如果应收账款不能及时收回，企业的资金就无法正常周转，经营活动就要受阻，增加企业的经营风险。我国旅游企业的应收款项管理水平还有待提高，存在较为普遍的三角债问题。治理旅游业信用环境，整顿旅游业信用，已成为当务之急。因此，笔者提出第七个假设如下：

H7：旅游企业的应收款项比例越高，企业绩效越差。

通常认为，总资产周转率与企业绩效正相关，资产负债率与企业绩效负相关，公司规模与企业绩效正相关。因此关于这三个控制变量，笔者提出第八个假设如下：

H8：旅游企业的总资产周转率与企业绩效正相关，资产负债率与企业绩效负相关，公司规模与企业绩效正相关。

2.2.3 模型构建

众多学者在研究资产结构与企业绩效关系时提出了自己的模型，这些研究很有启发和借鉴意义，但有的也存在一些缺陷。如有的文献提出某些资产比例和企业绩效呈倒U型关系，但在作多元回归时仅把资产比率的二次方作为自变量，没有把这些比率的一次项放入方程；有的文献将研究的每个资产结构变量与公司绩效变量单独进行回归，而忽视了不同的资产结构变量彼此之间的相互影响；有的文献在进行多元回归时，除资产结构变量外，无其他控制变量，或控制变量过少；有的文献将存货比率、流动资产比率同时放入一个方程，忽视彼此之间的包含关系。因此，笔者在建立模型时，借鉴了前人的长处，选取资产负债率、总资产周转率、企业规模作为控制变量，将总资产内部具有并列关系的流动资产比率、固定资产比率、固定资产比例平方、无形资产比率和长期投资比率作为自变量放入模型（1），将流动资产内部具有并列关系的现金资产比率、现金资产比率平方、存货比率、应收款项比率作为自变量放入模型（2），并分别配置控制变量，建立两个模型如下：

$$ROE_{i,t} = a_0 + \beta_1 Current_{i,t} + \beta_2 Fix_{i,t} + \beta_3 Fix_{i,t}^2 + \beta_4 Int_{i,t} +$$
$$\beta_5 Inv_{i,t} + \beta_6 Atr_{i,t} + \beta_7 Lev_{i,t} + \beta_8 Size_{i,t} + \sum_{n=1}^{12} \alpha_n Year_n + \varepsilon \quad (1)$$
$$ROE_{i,t} = a_0 + \beta_1 Cash_{i,t} + \beta_2 Cash_{i,t}^2 + \beta_3 Stock_{i,t} + \beta_4 Rec_{i,t} +$$
$$\beta_5 Atr_{i,t} + \beta_6 Lev_{i,t} + \beta_7 Size_{i,t} + \sum_{n=1}^{12} \alpha_n Year_n + \varepsilon \quad (2)$$

各个变量的含义参见表2-2关于资产结构和企业绩效关系研究的相关变量的定义。

本研究采用本书第1.2节提出的21家旅游上市公司2001—2013年的215个样本数据进行分析。公司名称详见表1-2。

2.2.4 描述性统计

表2-3　　　　　　　　215个样本的描述性统计结果

变量	N	均值	标准差	中位数	偏度	峰度	最小值	最大值
$ROA_{i,t}$	215	0.041751	0.003118	0.041802	-0.82352	2.798784	-0.14742	0.147316
$ROE_{i,t}$	215	0.066479	0.005440	0.070252	-1.66128	6.069189	-0.32944	0.229985
$Cash_{i,t}$	215	0.164412	0.007301	0.126161	1.565368	2.749756	0.010825	0.583851
$Rec_{i,t}$	215	0.059129	0.004062	0.036745	2.076385	5.565426	0.001968	0.351648
$Stock_{i,t}$	215	0.075032	0.008118	0.015249	2.129756	3.904786	0.000157	0.524511
$Current_{i,t}$	215	0.332649	0.011798	0.294059	0.802006	-0.06212	0.068445	0.845816
$Inv_{i,t}$	215	0.084495	0.008015	0.039224	2.827698	10.92658	0.000000	0.790217
$Fix_{i,t}$	215	0.458589	0.011064	0.455976	-0.1229	-0.27095	0.046074	0.881916
$Int_{i,t}$	215	0.082792	0.005081	0.06673	1.416763	2.020541	0.000000	0.382113
$Atr_{i,t}$	215	0.455757	0.021597	0.352716	1.678867	2.81349	0.084228	1.806655
$Lev_{i,t}$	215	0.387124	0.01124	0.38151	0.145793	-0.70226	0.024871	0.775615
$Size_{i,t}$	215	21.06519	0.06955	20.82176	1.346352	2.754212	18.91825	25.19922

表2-3中，从表示绩效的指标$ROA_{i,t}$和$ROE_{i,t}$上看，均值分别为4.175%和6.65%，中位数分别为4.180%和7.02%，中位数均大于均值，说明有个别数值很小的样本。二者的峰度均大于零，说明数据的分布比标准正态分布更陡峭，为尖峰分布。现金资产比例$Cash_{i,t}$的平均值为16.44%，且偏度大于零，说明有个别样本的数值很大，最大值达到58.38%。应收款项比例$Rec_{i,t}$的平

均值为5.91%，偏度也大于零，也说明有个别取值很大的样本，最大值达到35.16%。存货比例 $Stock_{i,t}$ 的均值为7.50%，最大值为52.45%，也是尖峰分布。流动资产比例 $Current_{i,t}$ 的均值为33.26%，中位数为29.41%，均小于50%。张俊瑞等（2007）认为，流动资产比例接近50%的为中庸型结构，流动资产比例大于50%的为保守型结构，而流动资产比例小于50%的为扩张型结构。旅游上市公司的资产结构可以归为扩张型结构，说明企业把大量资金配置在变现较慢的长期资产上，企业扩张的欲望强烈，但投资风险相对也较大。固定资产比例 $Fix_{i,t}$ 的均值为45.86%，最大值为88.19%，符合旅游企业固定资产比重大的特点。长期投资比例 $Inv_{i,t}$ 和无形资产比例 $Int_{i,t}$ 都在8%左右，且偏度均大于零，说明都有个别取值很大的样本。总资产周转率 $Atr_{i,t}$ 的均值为45.58%，说明旅游企业的资产使用效益不高，全年平均资产总额不能获得同样数量的销售收入，也意味着旅游企业处于扩张时期，资产规模的扩张先于销售收入的提高。资产负债率 $Lev_{i,t}$ 的均值为38.71%，说明旅游企业的负债水平较低，但也有个别的高达77.56%。公司规模 $Size_{i,t}$ 的偏度和峰度均大于零，说明有个别样本的总资产数额很大，数据的分布比标准正态分布更陡峭，为尖峰分布。

表2-4　全部非ST的A股2001—2013年的一些财务指标统计

全部A股（非ST）	$ROE_{i,t}$	$ROA_{i,t}$	$Lev_{i,t}$	$Current_{i,t}$	$Fix_{i,t}$
平均值	0.051152	0.033064	0.593519	0.556816	0.264698

比较表2-3和表2-4，可知旅游企业在2001—2013年 $ROE_{i,t}$ 和 $ROA_{i,t}$ 的平均值都略高于上市公司平均水平，这说明旅游企业的绩效还是不算差的。旅游企业的资产负债率 $Lev_{i,t}$ 仅为38.71%，低于上市公司平均水平（59.35%），流动资产比率 $Current_{i,t}$ 为33.26%，低于上市公司平均水平（55.68%），固定资产比率 $Fix_{i,t}$ 为45.86%，高于上市公司平均水平（26.47%）。这些指标显著地反映出旅游企业的行业特点，即负债比重低，流动资产比重低，固定资产比重高。这些特点意味着旅游企业资产的流动性比较差，债务融资能力不强。

2.2.5　相关性分析

表2-5是变量之间的皮尔逊相关性分析的部分结果。

表2-5　　　　　　　变量的皮尔逊相关性分析

	$ROE_{i,t}$	$ROA_{i,t}$
$Cash_{i,t}$	0.182 ***	0.356 ***
$Rec_{i,t}$	-0.168 **	-0.204 ***
$Stock_{i,t}$	0.062	-0.008
$Current_{i,t}$	0.114 *	0.149 **
$Inv_{i,t}$	0.174 **	0.192 ***
$Fix_{i,t}$	-0.217 ***	-0.250 ***
$Int_{i,t}$	-0.001	-0.006
$Atr_{i,t}$	0.281 ***	0.347 ***
$Lev_{i,t}$	-0.043	-0.252 ***
$Size_{i,t}$	0.483 ***	0.372 ***

注：*：10%的水平下显著；**：5%的水平下显著；***：1%的水平下显著。

从皮尔逊相关性分析可得，现金资产比率$Cash_{i,t}$与$ROE_{i,t}$和$ROA_{i,t}$都显著正相关；应收款项比率$Rec_{i,t}$与$ROE_{i,t}$和$ROA_{i,t}$都显著负相关；流动资产比率$Current_{i,t}$与$ROE_{i,t}$和$ROA_{i,t}$都显著正相关；长期投资比率$Inv_{i,t}$与$ROE_{i,t}$和$ROA_{i,t}$都显著正相关；固定资产比率$Fix_{i,t}$与$ROE_{i,t}$和$ROA_{i,t}$均显著负相关；总资产周转率$Atr_{i,t}$与$ROE_{i,t}$和$ROA_{i,t}$都显著正相关；公司规模$Size_{i,t}$与$ROE_{i,t}$和$ROA_{i,t}$都显著正相关。这些结果部分印证了前面提出的假设。然而，相关性分析是在没有控制其他变量的基础上进行的，也不能反映变量之间的非线性关系。要得到比较精确的结论，还需要进行多元回归分析。

2.2.6 回归分析

笔者运用统计软件EVIEWS6.0对模型（1）进行多元回归，用怀特（White）调整异方差的方法对参数进行估计。表2-6和表2-7为模型（1）回归结果。为了节省篇幅，笔者略去常数项C的回归结果，下同。

表2-6　　　　　　模型（1）回归结果（因变量为$ROE_{i,t}$）

自变量	因变量（$ROE_{i,t}$）
$Current_{i,t}$	0.265 ***
$Fix_{i,t}$	0.810 ***
$Fix_{i,t}^2$	-0.574 ***
$Int_{i,t}$	0.211 ***

续表

自变量	因变量（$ROE_{i,t}$）
$Inv_{i,t}$	0.332***
$Atr_{i,t}$	0.050***
$Lev_{i,t}$	-0.072
$Size_{i,t}$	0.038***
Year	控制
R^2	0.429
$Adj-R^2$	0.370
F	7.295***

注：*、**、***分别表示在10%、5%和1%的水平上显著（双尾）。

表2-6的回归结果基本符合本书前面的假设。流动资产比率$Current_{i,t}$与企业绩效显著正相关，说明流动资产对旅游企业很重要，目前仍处于普遍偏低的状况。固定资产比率$Fix_{i,t}$的一次方与企业绩效显著正相关，二次方与企业绩效显著负相关，说明存在倒U型关系，拐点可算得为70.56%，亦即当固定资产比率低于70.56%时，提高固定资产比率可以提高企业绩效，当固定资产比率超过70.56%时，提高固定资产比率会降低企业绩效，因此固定资产比率对于旅游企业来说不是越多越好，而是应该适量。长期投资比率$Inv_{i,t}$和无形资产比率$Int_{i,t}$都与绩效显著正相关，说明旅游企业应该进一步提高对外长期股权投资和无形资产的比例。其他三个控制变量的结论也基本符合假设，只是资产负债率$Lev_{i,t}$的回归系数不显著。这可能是因为旅游企业的资产负债率显著低于上市公司平均水平，因此对企业绩效的损害并不明显。

表2-7　　　　模型（1）回归结果（因变量为$ROA_{i,t}$）

自变量	因变量（$ROA_{i,t}$）
$Current_{i,t}$	0.193***
$Fix_{i,t}$	0.414***
$Fix_{i,t}^2$	-0.247***
$Int_{i,t}$	0.153***
$Inv_{i,t}$	0.228***
$Atr_{i,t}$	0.038***
$Lev_{i,t}$	-0.088***
$Size_{i,t}$	0.016***
Year	控制
R^2	0.441
$Adj-R^2$	0.384
F	7.656***

注：*、**、***分别表示在10%、5%和1%的水平上显著（双尾）。

表 2-7 的回归结果与表 2-6 基本相同。固定资产比率 $Fix_{i,t}$ 的一次方与企业绩效显著正相关,二次方与企业绩效显著负相关,说明存在倒 U 型关系,拐点可算得为 83.81%。其他变量的结论都符合假设,资产负债率 $Lev_{i,t}$ 的回归系数在 1% 的水平上显著,这与前面的结论不同。可能的原因是 $ROE_{i,t}$ 是 $ROA_{i,t}$ 与平均权益乘数之积,负债可能损害了 $ROA_{i,t}$,但是负债率的提高又提升了平均权益乘数的数值,因此对 $ROE_{i,t}$ 的影响综合起来不明显。

笔者运用统计软件 EVIEWS6.0 对模型(2)进行回归,表 2-8 和表 2-9 为模型(2)的回归结果。

表 2-8   模型(2)回归结果(因变量为 $ROE_{i,t}$)

自变量	因变量($ROE_{i,t}$)
$Cash_{i,t}$	0.481***
$Cash_{i,t}^2$	-0.718**
$Stock_{i,t}$	-0.136***
$Rec_{i,t}$	-0.195**
$Atr_{i,t}$	0.047***
$Lev_{i,t}$	0.028
$Size_{i,t}$	0.043***
Year	控制
R^2	0.425
$Adj-R^2$	0.369
F	7.589***

注:*、**、***分别表示在 10%、5% 和 1% 的水平上显著(双尾)。

表 2-8 的回归结果基本符合本书前面的假设。现金资产比率 $Cach_{i,t}$ 的一次方与企业绩效显著正相关,现金资产比率的二次方与企业绩效显著负相关,说明存在倒 U 型关系,拐点可算得为 33.50%,亦即当现金资产比率低于 33.50% 时,提高现金资产比率可以提高企业绩效,当现金资产比率超过 33.50% 时,提高现金资产比率会降低企业绩效,因此旅游企业的现金资产比率应该适度。存货比率 $Stock_{i,t}$ 和应收款项比率 $Rec_{i,t}$ 都与绩效显著负相关,说明旅游企业的存货管理水平和应收款项管理水平亟待加强。其他三个控制变量的结论也基本符合假设,只是资产负债率 $Lev_{i,t}$ 的回归系数不显著,理由同上所述。

表 2-9　　　　　　模型（2）回归结果（因变量为 $ROA_{i,t}$）

自变量	因变量（$ROA_{i,t}$）
$Cash_{i,t}$	0.214 **
$Cash_{i,t}^2$	-0.215
$Stock_{i,t}$	-0.060 ***
$Rec_{i,t}$	-0.130 ***
$Atr_{i,t}$	0.037 ***
$Lev_{i,t}$	-0.028
$Size_{i,t}$	0.019 ***
Year	控制
R^2	0.450
Adj-R^2	0.396
F	8.391 ***

注：*、**、***分别表示在10%、5%和1%的水平上显著（双尾）。

表 2-9 的回归结果与表 2-8 基本相同。现金资产比率 $Cash_{i,t}$ 的一次方与企业绩效显著正相关，二次方与企业绩效负相关但是不显著，说明现金资产比率对 $ROA_{i,t}$ 的影响主要是正面的，现金越多，旅游企业的总资产利润率越高。其他变量的结论都符合假设。与表 2-8 一样，资产负债率的回归系数仍然不显著。

2.2.7　研究结论

本节通过实证检验，发现旅游企业的流动资产比例越高，企业绩效越好；旅游企业的固定资产比例与企业绩效呈倒 U 型关系；旅游企业的无形资产比例越高，企业绩效越好；旅游企业的长期投资比例越高，企业绩效越好；旅游企业的现金资产比例与企业绩效呈倒 U 型关系；旅游企业的存货资产比例越高，企业绩效越差；旅游企业的应收款项比例越高，企业绩效越差；旅游企业的总资产周转率与企业绩效正相关，资产负债率与企业绩效负相关，公司规模与企业绩效正相关。与其他行业相比，旅游企业的流动资产比率较低，固定资产比率较高。以上研究结论说明，旅游企业应该进一步提高流动资产比例，控制固定资产和现金资产的比例在一个合理的范围内；提高对外长期投资和无形资产的比重，降低存货和应收款项的比重。总之，通过对旅游企业资产结构的实证分析，笔者认为旅游企业目前资产管理方面亟待采取的措施：一是提高存货和应收款项的管理水平,缩减三角债和不合理的库存;二是增加无形资产的投入,提高企业的技术水平;三是扩大长期股权投资等对外投资力度,提高企业效益。

参考文献

[1](美)威廉·L·麦金森:《公司财务理论》,大连,东北财经大学出版社,2002:15-17。

[2]白璐:《我国上市公司固流比率对其利润水平影响的实证研究》,载《时代金融》,2012(12):248-249。

[3]白喜波:《资产结构与公司业绩——来自我国上市公司的经验数据》,载《兰州学刊》,2007(6):67-68,176。

[4]白彦炜:《房地产业上市公司资产结构与企业盈利能力相关性的实证研究》,西南财经大学硕士学位论文,2011。

[5]常颖、孙丽颖:《上市公司资产结构与企业绩效关系的实证研究》,载《中国软科学增刊》,2009:159-165.

[6]陈妍:《电力上市公司资产结构与绩效关系的实证研究》,华北电力大学硕士学位论文,2004。

[7]宫义飞:《绩优公司资产结构探析》,载《经济论坛》,2005(22):122-123。

[8]丁杭:《我国上市公司资产结构存在的问题及其优化措施》,载《中国证券期货》,2011(2):27。

[9]方炜俊、钱玮文:《资产结构对获利能力影响的实证研究——基于航天航空业上市公司的数据》,载《现代商业》,2013(8):73-74.

[10]顾水彬:《资本结构、资产结构、股权结构与公司绩效关系的实证研究——基于沪深上市公司普通机械制造业板块的研究》,载《财会通讯》,2009(7):115-117。

[11]何萍:《我国旅游上市公司无形资产与经营绩效的相关性研究》,武汉科技大学硕士学位论文,2013。

[12]贺浩淼、汪倩:《能源类上市公司固定资产结构与经营绩效的实证研究》,载《商业会计》,2013(21):66-67。

[13]贺莉:《固流比率与公司业绩的关系研究——基于医药制造业上市公司的经验数据》,载《中国证券期货》,2013(1):15-16。

［14］罗翔、刘婷：《资产结构、资本结构与盈利能力相关性研究——基于我国稀土类上市公司经验数据》，载《财务与金融》，2014（1）：76－80。

［15］逯全玲：《资产结构、资本结构对企业绩效影响的实证研究》，载《市场周刊·财经论坛》，2014（1）：24－25，59。

［16］李靖、孙新宪：《我国交通运输业上市公司资产结构与绩效的实证研究》，载《中国民用航空》，2010（1）：61－63。

［17］李晶：《企业资产结构对绩效影响的实证研究——基于汽车制造业上市公司的财务数据》，兰州商学院硕士学位论文，2013。

［18］李晓丽：《山西煤炭上市公司资产结构与盈利能力相关性的研究》，山西财经大学硕士学位论文，2014。

［19］李婷：《我国上市公司资产结构对企业绩效影响的实证研究——基于行业的实证研究》，山东大学硕士学位论文，2008。

［20］刘百芳、吕爽：《改善资产结构：提高我国汽车制造业上市公司盈利能力的有效途径》，载《经济师》，2012（11）：35－39。

［21］刘百芳、汪伟丽：《山东省上市公司资产结构同企业经营业绩的实证分析》，载《统计与决策》，2005（9）：140－142。

［22］刘嘉庭：《固－流比例对公司绩效影响的实证研究——基于制造业上市公司的经验数据》，中国海洋大学硕士学位论文，2010。

［23］刘桂宏：《我国上市公司资产结构与企业绩效的相关性实证分析》，重庆大学硕士学位论文，2007。

［24］刘宏：《中国上市公司资产结构的实证研究》，吉林大学硕士学位论文，2004。

［25］刘猛、王婵：《我国上市公司资本结构和资产结构对公司绩效影响的实证分析》，载《沿海企业与科技》，2005（6）：81－83。

［26］刘一：《我国制造业上市公司资产结构对经营业绩影响的实证分析》，沈阳理工大学硕士学位论文，2011。

［27］孟艳玲、张俊瑞：《生命周期视角下上市公司资产结构与价值——来自中国上市公司A股市场的经验数据》，载《北京理工大学学报（社会科学版）》，2014（4）：76－82。

［28］倪红霞、许拯声：《资产结构与企业经营业绩内在关系》，载《技术经济与管理研究》，2003（6）：110－111。

［29］潘三毛、张月友：《我国上市公司资产结构与盈利能力实证研究》，

载《中国管理信息化》，2009（12）：59-62。

[30] 覃智勇、刘卫：《广西上市公司资产结构与业绩相关性实证研究》，载《中国管理信息化》，2009（5）：36-38。

[31] 邱书明、冯建民、凌海怡：《上市公司资产结构与企业绩效关系的实证分析——来自电子制造业》，载《财会通讯》，2011（12）：34-36。

[32] 阮建军、陈雨溦：《资产结构的基本分类与清算价值的基本衡量》，载《佛山科学技术学院学报（社会科学版）》，2014（1）：47-52。

[33] 孙丽颖：《上市公司资产结构与企业绩效关系的实证研究》，哈尔滨工业大学硕士学位论文，2009。

[34] 汤亚丽、刘桂宏：《我国信息技术业上市公司资产结构与绩效的实证分析》，载《科技管理研究》，2007（4）：84-86。

[35] 钭志斌：《上市汽车生产企业固定资产结构与企业绩效的关系研究》，载《华东经济管理》，2007（4）：35-37。

[36] 王改芝：《我国上市公司资产结构与经营业绩实证分析》，天津财经大学硕士学位论文，2008。

[37] 王怀明、闫新峰：《农业上市公司资产结构与公司绩效的研究》，载《华东经济管理》，2007（2）：40-43。

[38] 王绍凤、刘思辰：《资产结构与盈利能力的相关性分析：以A上市公司为例》，载《财会月刊》，2012（3）：55-58。

[39] 王鑫：《资产结构对绩效影响的实证研究——基于制造业的研究》，吉林大学硕士学位论文，2012。

[40] 吴树畅：《融资结构、资产结构对企业绩效的影响》，载《统计与决策》，2003（8）：60，96。

[41] 邢丹丹：《我国旅游上市公司无形资产明细及价值相关性研究》，陕西师范大学硕士学位论文，2012。

[42] 邢丹丹、张红、张春晖：《我国旅游上市公司无形资产对经营绩效的贡献度研究》，载《旅游学刊》，2010，26（10）：43-48。

[43] 徐杨：《上市公司资产结构、经营风险与企业绩效实证研究》，湖北大学硕士学位论文，2011。

[44] 徐义华：《高科技上市公司资产结构对盈利能力的影响分析》，浙江工业大学硕士论文，2013。

[45] 薛芳芳：《煤炭上市公司资本、资产结构与企业绩效关系研究》，山

西财经大学硕士学位论文，2014。

[46] 杨远霞：《湖南省上市公司资产结构与公司绩效的相关性研究》，载《中南大学学报（社会科学版）》，2014（4）：30－34。

[47] 袁放建、许燕红、刘德运：《流动资产结构、债务再融资结构与企业价值的关系研究——基于传统行业上市公司的面板数据》，载《中南大学学报（社会科学版）》，2011（6）：16－20。

[48] 张俊瑞、薛旺辰、武立勇：《企业资产结构的影响因素及模式研究》，载《西安财经学院学报》，2007（3）：49－55。

[49] 张军华：《资本结构、资产结构与企业绩效——基于创业板高新技术中小企业的实证研究》，载《财会通讯》，2011（4）：78－81。

[50] 张俊瑞、张健光、高杰、李金霖：《资产结构、资产效率与企业价值》，载《管理评论》，2012（1）：127－138。

[51] 郑婷元：《农业企业营运资金结构与资产结构对企业绩效的影响》，吉林财经大学硕士学位论文，2012。

[52] 周艳：《资产结构及其与企业效益关系研究》，载《经济研究导刊》，2009（23）：17－18。

[53] 朱沛：《我国上市公司资产结构与企业绩效关系的实证研究》，哈尔滨工业大学硕士学位论文，2013。

[54] Reyhani A. G., "The Investigation of Effect of Assets Structure on Performance of Accepted Compnies of Tehran Stock Exchange [J]", *Journal of Basic and Applied Scientific Research*, 2012, 2（2）：1086－1090.

[55] Agiomirgianakis G., Voulgaris F., Papadogonas T., "Financial Factors Affecting Profitability and Employment Growth: the Case of Greek Manufacturing [J]", *International Journal of Financial Services Management*, 2006, 1（2/3）：235－245.

[56] Andreas Krause, "Risk, Capital Requirements, and the Asset Structure of Companies [J]", *Managerial Finance*, 2006, 32（9）：774－785.

[57] Ben－Hsien Bao, Da－Hsien Bao, "Change in Inventory and Firm Valuation [J]", *Review of Quantitative Finance and Accounting*, 2004, 22：53－71.

[58] Czyzewski Alan B., Donald W. Hicks, "Hold On To Your Cash [J]", *Management Accounting*, 1992（3）：27－30.

[59] Cristina Martinez－Sola, Pedro J. Garcia－Teruel and Pedro Martinez－

Solano, "Corporate Cash Holding and Firm Value [J]", *Applied Economics*, 2013, 45 (2): 161 – 170.

[60] Dong Y. L. , Charles K. Y. , Cai D. , "What Drives Fixed Asset Holding and Risk – adjusted Performance of Corporates inChina? An Empirical Analysis [J]", *International Real Estate Review*, 2012, 15 (2): 141 – 164.

[61] Eurico J. Ferreira, Ricardo P. Camara Leal, "Examining Cash Holdings of U. S. and Brazilian Firms [J]", *Journal of International Business and Economics*, 2010, 10 (3) .

[62] Ioannis Asimakopoulos, Aristeidis Samitas, Theodore Papadogonas, "Firm – Specific and Economy Wide Determinants of Firm Profitability: Greek Evidence Using Panel Data [J]", *Managerial Finance*, 2009, 35 (11): 930 – 939.

[63] Jure Skarabot, " Asset Securitization and Optimal Asset Structure of the Firm [C]", EFMA 2001 Meeting in Lugano and FMA 2001 Meeting in Toronto, 2001.

[64] Kehinde J. O. , Mosaku T. O. , "An Empirical Study of assets Structure of Building Construction Contractors in Nigeria [J]", *Engineering, Construction and Architectural Management*, 2006, 13 (6): 634 – 644.

第三章 旅游企业投资效率及其影响因素研究

本章从流量的角度对旅游企业的投资效率进行分析。根据2009年出台的《国务院关于加快发展旅游业的意见》的规划,2020年我国旅游产业的规模、质量和效益要求达到世界旅游强国水平。目前,旅游业正处于重要发展时期,投资是旅游业发展的动力。近年来,旅游业的投资规模有了快速增长,然而也爆发出不少问题。2012年的《中华人民共和国旅游法(草案)》指出,不少地方的旅游项目存在盲目开发、低水平重复建设的问题,亟须规范。专家指出,旅游企业频繁改变募集资金投向的情况严重,投资支出的效率低下。本章试图对我国旅游企业投资效率及其影响因素进行实证研究,并提出建设性意见。

3.1 旅游上市公司投资效率计算

3.1.1 文献综述

(一)投资效率理论文献简述

按照现代汉语《辞海》的解释,效率是指消耗的劳动量与所获得的劳动效果的比率。如何度量投资效率,目前还没有定论。投资效率可以理解为资金的投入与产出的比率,也可以理解为实际投资与理想投资之间是否存在差距。不同的思路有不同的研究方法。

从资金的投入与产出比率的角度,一些学者采用不同方法进行了研究。Eloranta 和 Holmstrom(1998)采用固定资金产值率作为投资效率的评价指标,分析了5个国家的投资效率。徐磊(2007)利用财务指标和市场指标,包括净资产收益率、主营业务利润率、销售利润率、资产周转率、资产现金流量回报率、股本扩张能力等来衡量上市公司的投资效率。魏权龄（2000）介绍了使用 DEA（Data Envelopment Analysis，数据包络分析）模型建立生产函数对多个同类型的多投入和多产出的决策单元进行有效性评价的方法，用以计算投资效率指标。该方法由美国运筹学家 A. Charnes 和 W. W. Cooper 于 1978 年提出。其基本思路是把每一个被评价单位作为一个决策单元（DMU），以 DMU 的各个投入和产出指标的权重为变量进行评价计算，确定有效生产前沿面，再根据各个 DMU 与有效生产前沿面的距离，确定各个 DMU 是否为 DEA 有效。DEA 方法得到了比较广泛的运用，又分为 CCR 模式和 BCC 模式。1994 年以后，一些学者将 Malmquist 指数与 DEA 理论相结合，构建了基于 DEA 的 Malmquist 指数法，可以将企业的投资效率进一步分解为技术进步、技术效率改进和规模效率变动等方面。这种方法在投资效率的研究中也得到了运用。

　　从实际投资与理想投资之间是否存在差距的角度，也有一些学者采用不同方法进行了研究。Lang 和 Litzenberger（1989）采用托宾 Q 衡量过度投资，认为如果一个公司的托宾 Q 值小于 1，那么这个公司处于过度投资的水平上。Vogt（1994）用托宾 Q 来度量公司的投资机会，用托宾 Q、自由现金流、托宾 Q 与自由现金流的交互项作为自变量，对投资支出进行多元回归。他认为，对于投资机会较少的公司而言，如果交互项的回归系数显著为正，表明存在过度投资的现象；对于投资机会较多的公司而言，如果交互项的回归系数显著为正，表明资金限制了公司的投资扩张，存在投资不足的现象。Vogt（1994）的影响比较大，但是与 Lang 和 Litzenberger（1989）一样，存在着不能直接度量样本公司的投资效率程度的缺陷。Hovakimian 和 Titman（2002）用企业的投资支出水平对托宾 Q 进行回归得出回归系数，然后用实际投资支出与估计的投资支出之差来度量投资效率，首次对投资效率进行了量化。但是他们仅仅把托宾 Q 作为影响企业投资的因素，存在较大的局限性。Richardson（2006）建立了预期投资规模模型，他认为企业的增长机会、负债水平、股票收益率、现金持有水平、公司规模、上一年度的投资规模等因素都会影响到企业当前的投资规模，因此在前人的基础上扩展了投资支出影响因素的方程。他首先采用回归方程估算出正常投资支出水平，其次也是用实际投资支出与估计的投资支出相减得到残差，如果残差小于零，表明投资不足，反之则说明投资过度。Richardson（2006）的模型随后得到了较为广泛的运用。

（二）旅游企业投资效率文献综述

　　国外关于投资效率的研究文献很丰富，但是旅游业投资方面的研究集中在旅游投资基础理论、旅游投资对经济的影响、旅游投资风险管理和外资对旅游投资的贡献等方面，笔者还未见到专门研究旅游企业投资效率问题的国外文献。国内学术界在这方面有一些研究成果。

1. 从资金的投入与产出比率的角度，一些国内学者进行了研究。

许海东、许陈生（2009）运用数据包络方法里面的BCC模型，选择总资产和员工人数作为投入指标，主营业务收入和主营业务利润作为产出指标，采用17家旅游上市公司2002—2005年的68个样本数据，探讨了我国旅游上市公司的经营效率。他们发现多数公司都处于非效率状态。有的是技术无效，即管理效率不佳；有的是规模无效，即尚未达到最佳规模。他们还发现酒店类和综合类旅游公司的效率高于景点类旅游公司。

王恩旭、武春友（2010a）构建了基于DEA方法的城市旅游投入产出效率评价模型。他们引入了修正系数的概念，对不同区域的城市由于发展环境的不同造成的旅游产出的误差进行修正，建立了城市旅游经营效率投入产出指标体系。王恩旭、武春友（2010b）选择旅行社数量、星级饭店数量、旅游企业固定资产、旅游从业人员数量、人均城市道路面积、人均绿地面积作为投入指标，旅游总收入与旅游总人次作为产出指标，利用DEA方法里面的BCC模型，分别从综合效率分析、纯技术效率分析、规模效率分析、投入冗余与产出不足分析四个方面对15个副省级城市的旅游经营效率进行了系统分析，并指出了各个城市在旅游业经营过程中存在的问题及未来发展方向。

陶卓民、薛献伟、管晶晶（2010）运用数据包络分析法的BCC模型，选择旅游资源、旅游接待服务设施和旅游从业人员作为投入指标，国内旅游收入和国际旅游收入作为产出指标，分析了1999—2006年我国旅游业发展的效率特征，发现在这期间我国旅游投入总体效率偏低，旅游投入总量处于规模不经济的状态。他们还发现旅游业的发展存在后发优势，技术效率低的省份技术进步效率增长较快。最后他们提出应该优化投入要素的比例，加快技术进步，推动旅游业持续健康发展。

王灵、韩东林（2011）利用DEA模型，选取固定资产、企业从业人员数、企业数为投入指标，营业收入、税金为产出指标，对安徽、江苏、浙江、上海四个省（市）2005—2007年的旅游业投资效率进行了比较研究，发现上海市连续3年DEA有效，其余3省虽然在不同年份存在DEA无效，但总体效率还是比较高的。他们指出，要提高投资效率，必须提升旅游业管理水平，进行旅游商品的整合和协作互补，并加强旅游市场的整合营销协作。

吴向明、徐晓丽（2013）搜集2008—2012年20家旅游上市公司的100个样本数据，选择新增固定资产投资水平、新增长期投资水平、追加营运资本水平、折旧与摊销水平作为投入指标，总资产增长率、净资产收益率和投资回报率作为输出指标，采用基于DEA模型的Malmquist生产率指数法、对投资效率进行了动态评价。他们计算了各公司的全要素生产率变化指数，并且把这个指数分解为综合技术进步指数、技术进步变化指数、纯技术效率变化指数和规模效率变化指数这四个子指标，发现我国旅游上市公司的全要素生产率整体呈下降趋势，主要原因是技术进步效率降低。他们的结果还显示，餐饮业的投资效率高于旅馆业和旅游业，旅游业最低。

周文娟、张红（2013）选择新增固定资产投资水平、新增长期投资水平、追加营运资本水平、折旧与摊销水平作为投入指标，总资产增长率、净资产收益率、净利润增长率作为输出指标，运用数据包络法（DEA）的CCR模型对18家旅游上市公司2007—2011年的投资效率进行了评价和分析。她们发现在样本区间内，旅游上市公司的平均投资效率值均小于1，投资相对无效，显示我国旅游上市公司普遍存在低效率投资行为；不同类型公司的投资效率差异很大，景区类公司投资效率高于综合类和酒店类，酒店类最低。

徐晓丽（2013）运用Malmquist指数模型对我国15家旅游上市公司2008—2012年的动态投资效率进行测算，并构建投资效率影响因素模型对相关因素进行实证检验。模型的相关分析和回归检验表明：我国15家旅游上市公司5年间投资效率整体是增长的，但两级分化严重；成长能力是影响旅游上市公司投资效率的主要原因；资产负债率与投资效率存在正相关关系；公司规模与投资效率负相关；第一大股东持股比例与投资效率负相关，但并不显著；自由现金流与投资效率正相关，但不显著。

2. 从实际投资与理想投资之间是否存在差距的角度，也有一些国内学者进行了研究。

李锋（2011）采用综合模拟法，从旅游投资发展速度、旅游供求平衡、旅游投资内部均衡、旅游投资与区域经济协调性四个指标类别出发，构建了旅游投资预警模型。运用该模型对河南省2000—2009年的旅游投资进行了实证研究，结果表明，河南旅游投资虽然基本处于健康区域内，但已经初步显现出投资微热、投资增速过快、度假产品投资过热、旅游投资逐步和区域经济不协调的现象。为避免投资泡沫，河南旅游急需制定合理的旅游产业投资引导和控制性政策，规范盲目的投资行为，避免旅游产品结构性过剩，实现平稳可持续发展。

周春梅（2011）借鉴 Richardson（2006）预期投资模型，通过对 2003—2009 年 15 家旅游上市公司的 105 个样本数据的 GLS 模型分析，测算出餐饮业上市公司的投资效率均值为 0.0007；旅馆业上市公司的投资效率均值为 -0.0252954286；旅游业上市公司的投资效率均值为 0.0179227571。运用单样本 T 检验，她发现无论是旅游业还是旅馆业都存在非效率投资的现象，旅馆业属于投资不足，而旅游业属于投资过度。她进一步指出，频繁变更募集资金投向的行为导致了旅游企业投资效率的低下。

魏伟（2012）考察了 15 家旅游上市公司 2002—2010 年的数据。他借鉴 Richardson（2006）预期投资模型，构建出旅游上市公司资本投资模型和薪酬业绩敏感度与旅游上市公司投资效率关系的回归模型，发现旅游上市公司具有六大基本特点，即旅游上市公司数量较少、地域分布不均衡、经营业绩较差、收益质量整体较好但个体分化严重、公司总市值较低且个体间差异较大、公司较为年轻化。他还发现，当高管薪酬业绩敏感度高于最优激励水平时，旅游上市公司的高管薪酬业绩敏感度与投资不足正相关；当高管薪酬业绩敏感度低于最优激励水平时，旅游上市公司的高管薪酬业绩敏感度与过度投资负相关。

魏伟、颜醒华（2013）采用 Richardson（2006）的投资期望模型进行分析，发现在 2003—2010 年 15 家旅游上市公司整体表现为投资不足；旅游上市公司的总资产报酬率和投资水平对公司次年的投资水平有着显著的促进作用，上市年龄对公司次年投资水平有着明显的抑制作用。

陈秀顺（2011）选取我国 54 家旅游上市公司 2007—2009 年的数据作为研究样本，建立预期影响因素模型，并分析各影响因素。他计算了样本公司各年的企业投资支出指数（Corporate Investment Spending Index，企业实际投资支出/企业最佳投资支出①），发现只有 57.1% 的样本的投资处于合理范围内，表明我国旅游上市公司的非效率投资行为比较严重。其实证结果表明，成长机会是影响旅游上市公司投资支出的主要因素；经营活动现金流与旅游上市公司投资支出之间存在正相关关系；资产负债率与旅游上市公司投资支出之间存在相关性，但并不显著；股权结构与旅游上市公司投资支出之间不存在明显的相关性；公司治理机制与旅游上市公司投资支出之间不存在明显的相关性。

---

① Richardson 等人认为，当 $0.2 \leqslant CISI \leqslant 2$ 时，实际投资支出在合理范围内；当 $CISI > 2$ 时，存在比较严重的过度投资；当 $CISI < 0.2$ 时，存在比较严重的投资不足。

第三章 旅游企业投资效率及其影响因素研究

(三) 旅游企业投资影响因素文献综述

许陈生 (2007) 考察了 17 家旅游上市公司 2002—2005 年的 68 个样本数据，发现股权集中度和旅游上市公司的技术效率存在显著的倒 U 型关系；股权制衡度、董事会持股比例和总经理持股比例对旅游上市公司技术效率有显著的正面影响。

刘军、马勇 (2013) 选取了 2004—2011 年 16 家旅游上市公司的数据，对影响投资决策的微观因素进行了实证分析，发现公司规模与投资支出显著正相关；盈利能力与投资支出显著正相关；成长性与投资支出显著正相关；经营能力与投资支出显著正相关；资产负债率与投资支出显著负相关；内部现金流与投资支出显著正相关。而经营风险和股权集中度这两个指标对投资支出没有产生显著影响。

陈鹏键、彭程 (2010) 选取 2000 年 12 月 31 日之前上市的 21 家 A 股旅游上市公司 2000—2006 年的 126 个样本数据，发现我国旅游上市公司的负债融资与投资决策之间存在相互作用的关系：在低负债水平下，税收利益大于破产成本，负债融资越多，企业投资支出越多；在高负债水平下，破产成本大于税收利益，负债融资越多，企业投资支出越少；投资不足问题比较严重。他们提出政府应根据各个企业的特点分别设置融资门槛：对于低负债、低折旧的企业，应提高股权融资门槛，放宽负债融资的条件；对于高负债、高折旧的企业，应降低股权融资的门槛，适当抑制负债融资。

(四) 文献简评

应该说，资金的投入与产出的比率和实际投资与理想投资之间是否存在差距，这两个度量投资效率的角度都有道理，学者们的研究也各有特色。但笔者认为，采用 Richardson (2006) 的投资期望模型度量实际投资与理想投资之间的差距，并将其作为投资效率的指标更合适一些。这是因为这种方法在投资期望模型中采用了较多的财务数据作为自变量，如企业规模、托宾 Q、资产负债率、销售收入增长率、股票累积年度超额报酬率、现金流量等，在财务数据的使用范围上更为广泛，对企业的会计信息利用得更多，因此预测的结果也比较科学。而且这种方法能够量化企业投资不足和投资过度这两种非效率投资的程度，有利于后续的研究。因此，本书选择 Richardson (2006) 的投资期望模型来度量实际投资与理想投资之间的差距，并将其作为投资效率的指标。

从现有的旅游企业投资影响因素的文献可以看出，影响旅游企业投资的因素有公司治理结构、负债融资水平等。但是大部分的文献是研究这些因素对投资支出的影响，鲜有文献研究这些因素对投资效率的影响的。因此，后面笔者会根据投资期望模型计算出旅游企业投资效率指标，再进一步对投资效率的影响因素进行深入研究。

3.1.2 旅游上市公司投资效率计算

（一）投资期望模型的建立及变量设定

本书参考 Richardson（2006）的模型，用公司的实际投资值与回归估算出来的投资值之间的差值即回归模型的残差来度量投资效率。

$$Invest_{i,t+1} = \alpha_0 + \alpha_1 Q_{i,t} + \alpha_2 R_{i,t} + a_3 Growth_{i,t} + a_4 Cash_{i,t} + a_5 Lev_{i,t} + a_6 Age_{i,t} + a_7 Size_{i,t} + a_8 Invest_{i,t} + \sum_{n=1}^{11} \beta_n Year_n + \xi_{i,t+1} \quad (1)$$

式中，$Invest$、Q、R、$Growth$、$Cash$、Lev、Age、$Size$、$Year$ 的含义和计算公式具体见表 3-2。将数据代入模型（1），回归残差的绝对值表示投资效率（$Eff_{i,t+1}$），这个值越大，投资效率越低。由于模型的因变量是 T+1 年的投资支出，而计算自变量 $Growth_{i,t}$ 的时候需要用到 T-1 年的指标，因此本书的时间 T 限定为 2001—2012 年。但实际使用到的数据范围是 2000—2013 年。

关于投资支出指标的度量，不同学者有不同的意见。兹将本书文献综述中大部分文献所采用的投资支出指标予以总结，具体如表 3-1 所示。

表 3-1　　　　　　　　国内文献投资支出指标总结

文献	投资支出指标
吴向明、徐晓丽（2013）	新增固定资产投资+新增长期投资+追加营运资本+新增折旧与摊销）/年末总资产
周文娟、张红（2013）	（新增固定资产投资+新增长期投资+追加营运资本+新增折旧与摊销）/年末总资产
周春梅（2011）	购建固定资产、无形资产和其他长期资产支付的现金/期末总资产
魏伟、颜醒华（2013）	购建固定资产、无形资产和其他长期资产支付的现金/期末总资产
陈秀顺（2011）	（投资性房地产、固定资产、无形资产、在建工程、工程物资、长期股权投资）的期末值/期初值
刘军、马勇（2013）	（固定资产增加值+投资性房地产增加值+固定资产清理增加值+在建工程增加值+工程物资增加值）/期初总资产
陈鹏键、彭程（2010）	（固定资产增加值+长期工程增加值+在建工程增加值+长期投资增加值）/期初总资产

第三章 旅游企业投资效率及其影响因素研究

从表3-1可以看出，学者们所使用的投资支出的定义各不相同。有的采用资产负债表的数据计算，有的采用现金流量表的数据计算。而且各篇文献里面投资支出的范围也存在差异，有的只包括长期资产方面的投资支出，有的还包括营运资产方面的投资支出。关于这两个问题，笔者分别分析如下：

问题一：采用资产负债表数据还是采用现金流量表的数据计算投资支出。资产负债表的数据是基于权责发生制计算得到的，而现金流量表的数据则是基于收付实现制计算得到的。权责发生制的优点在于可以正确反映各个会计期间实现的收入以及为实现收入应负担的费用，因此我国《企业会计准则》规定，企业应当以权责发生制为基础进行会计确认、计量和报告。权责发生制的缺点主要是会计处理手续比较复杂，会计政策和会计估计有赖于会计人员的职业判断，对会计人员的素质要求较高。收付实现制下的会计处理方法相对简单，但对各期收益的确定不够准确和合理，而且没有记录非现金的交易或事项，对资产和负债的核算不够完整。如固定资产的增加除了现金购买以外，还可以从投资者投入、非货币性资产交换以及债务重组等其他渠道获得，现金流量表无法体现这些内容。为了更加全面地反映企业的投资支出，笔者选择资产负债表的数据来计算旅游企业的投资支出。

问题二：投资支出包括哪些内容。不少文献认为，投资支出主要指长期性资产的支出，不包括营运资产投资，如现行的现金流量表，就将"企业购买商品、接受劳务支付的现金"作为经营活动的现金流出，而不是投资活动的现金流出。笔者认为，营运资产是企业资产的组成部分，尤其是存货和应收款项，更是企业不可或缺的资产。投资支出应该既包括长期资产的支出，也包括营运资产的支出。因此，本书的投资支出指标既包括存货和应收款项等营运资产方面的投资支出，又包括固定资产、无形资产、长期投资等长期性资产的支出。

此外，有的文献在计算投资支出时加上了当年的固定资产折旧与无形资产摊销，有的没有加。关于这个问题，笔者认为，是否加入折旧与摊销额也需要根据学者所采用的指标的属性而定。如果根据资产负债表指标来确定投资支出，则固定资产的期末余额与期初余额的关系如下：

期末固定资产 = 期初固定资产 + 新增固定资产 - 新增折旧 - 新增资产减值准备

那么，在计算当期新增固定资产亦即固定资产投资支出时，就需要用期末固定资产与期初固定资产余额之差加上当期增加的折旧和资产减值准备。反之，如果采用现金流量表指标来确定投资支出，如采用投资活动产生的现金流量里面的"购建固定资产、无形资产和其他长期资产所支付的现金"，则不需要再加上或减去当期的折旧和摊销。因为企业提取折旧和摊销没有付出现金，自然不会包括在"购建固定资产、无形资产和其他长期资产所支付的现金"里面。由于本书采用资产负债表数据来计算投资支出，因此应该用资产期初期末余额的变动值加上当期提取的折旧摊销和资产减值准备来计算该项资产当期的投资支出。

我国从1998年开始，要求上市公司计提"四项准备"，包括应收账款坏账准备、短期投资跌价准备、存货跌价准备、长期投资减值准备，即老四项计提。2001年进一步扩大为计提"八项准备"，包括固定资产减值准备、在建工程减值准备、委托贷款减值准备和无形资产减值准备。笔者发现，大部分文献在计算投资支出时只考虑了折旧和摊销，忽略了资产减值准备，如周文娟、张红（2013），吴向明、徐晓丽（2013）。笔者发现这种现象不是偶然的，主要是由于数据不全造成的，如国泰安金融数据库只有2003年以后的上市公司资产减值准备数据（除坏账准备以外），缺乏2002年以前的数据。本书的样本范围为2001—2013年的旅游上市公司，囿于数据的限制，本书也忽略资产减值准备的影响，只采用资产期初期末余额的变动值再加上当期提取的折旧摊销作为当期的投资支出。

本书计算投资支出时涉及的资产包括：存货、应收款项、固定资产、长期投资、无形资产。和本书第二章关于旅游企业资产结构的研究相一致，此处的应收款项包括应收票据、应收账款和其他应收款；长期投资包括可供出售金融资产、持有至到期投资、长期应收款、长期股权投资、长期债权投资；固定资产包括固定资产、在建工程、工程物资和固定资产清理；无形资产包括无形资产和商誉。本书研究投资支出所涉及的折旧与摊销包括"固定资产折旧"和"无形资产摊销"。

在计算投资支出指标的时候，一般不采用绝对额的方式来表示，而是用比率的方式来表示。见表3-1，有的文献采用固定资产等长期资产的期末数之和与期初数之和的比值作为投资支出的指标。这种方法存在的问题是仅考虑了资产本身的增长率，而没有考虑当期投资与公司全部资产规模的关系。因此，本书借鉴陈鹏键、彭程（2010）和刘军、马勇（2013）的做法，用当年的投资支出除以期初总资产所得的商作为投资支出指标。

模型中涉及的各个变量的名称、含义及计算公式具体见表3-2。

表 3-2　　　　　　　　　投资期望模型的变量定义

变量	含义	计算公式
$Invest_{i,t+1}$	（T+1）期的投资支出	（i 公司 t+1 期存货、应收款项、固定资产、长期投资、无形资产等资产的期初期末余额的变动值再加上当期提取的固定资产折旧、无形资产摊销）/t 期期末总资产
$Invest_{i,t}$	T 期的投资支出	（i 公司 t 期存货、应收款项、固定资产、长期投资、无形资产等资产的期初期末余额的变动值再加上当期提取的固定资产折旧、无形资产摊销）/（t-1）期期末总资产
$Q_{i,t}$	托宾 Q	i 公司 t 年市场价值/总资产账面价值
$R_{i,t}$	股票累积年度超额报酬率	$R_{i,t} = \left[\prod_{t=5}^{4}(1+RET_{i,t})-1\right] - \left[\prod_{t=5}^{4}(1+MRET_t)-1\right]$ i 公司 t 年 5 月到（t+1）年 4 月经市场调整过的股票累积年度超额报酬率；RET 和 MRET 分别表示 i 公司考虑现金红利再投资的月个股回报率和按总市值加权计算的考虑现金红利再投资的月市场回报率
$Growth_{i,t}$	公司增长速度	i 公司（t 期营业收入 -（t-1）期营业收入）/（t-1）期营业收入
$Cash_{i,t}$	货币资金比率	i 公司 t 期期末货币资金持有量/t 期期末总资产
$Lev_{i,t}$	负债水平	i 公司 t 期期末总负债/t 期末总资产
$Age_{i,t}$	公司上市年限	i 公司首次公开募股年度到（t-1）年末为止年数的自然对数
$Size_{i,t}$	公司规模	i 公司 t 期期末总资产的自然对数
$Eff_{i,t+1}$	投资效率	为模型（1）残差的绝对值；数值越大投资效率越低
$Year_n$	年度虚拟变量	由于样本数据区间 T 是 12 年（2001-2012 年），设置了 11 个年度虚拟变量 $Year_1$、$Year_2$、……$Year_{11}$

（二）描述性统计

表 3-3　　　　　　　　　样本基本数据描述性统计

	均值	中位数	最大值	最小值	标准差	偏度	峰度	数量
$Invest_{i,t+1}$	0.142909	0.09932	1.512445	-0.49133	0.218261	2.179217	13.84443	185
$Invest_{i,t}$	0.142086	0.09932	1.512445	-0.49133	0.223542	2.022872	12.78418	185
$Q_{i,t}$	1.643605	1.393463	4.232046	0.591365	0.68156	1.240859	4.095332	185
$R_{i,t}$	0.051675	-0.01604	3.899377	-1.17755	0.4568	3.982882	31.43683	185
$Growth_{i,t}$	0.218289	0.109151	2.403111	-0.65268	0.44554	2.343387	10.27985	185
$Cash_{i,t}$	0.146657	0.118376	0.445179	0.021713	0.085539	1.324286	4.560957	185
$Lev_{i,t}$	0.398135	0.398801	0.775615	0.024871	0.160552	0.122028	2.204985	185
$Age_{i,t}$	1.861019	2.079442	2.890372	-0.69315	0.750889	-1.25583	4.417304	185
$Size_{i,t}$	21.00474	20.75134	25.0137	18.91825	0.983495	1.369589	5.842693	185

虽然笔者搜集的原始数据的区间是2000—2013年的21家旅游上市公司的数据，但是由于在变量计算中需要用到（t-1）年和（t+1）年的数据，所以最后本书的样本是12年（2001—2012年）共185个样本数据。如表3-3所示，样本公司投资支出（$Invest_{i,t}$）的最大值为1.512445（151.24%），最小值为-0.49133（-49.13%），说明我国旅游上市公司的投资支出差异比较大。托宾Q（$Q_{i,t}$）的均值和中位数均大于1，说明整体上旅游上市公司的市场价值大于账面价值，投资机会比较大，受到投资者的认可。股票累积年度超额报酬率（$R_{i,t}$）的均值大于零，为5.17%，说明旅游上市公司的股票给投资者带来的回报超过了上市公司的平均回报水平。增长速度（$Growth_{i,t}$）的平均值为21.83%，说明旅游企业成长性比较好，处于成长期。货币资金比率（$Cash_{i,t}$）的平均值为14.67%，这个水平在全部上市公司里比较低，说明旅游企业存在一定的资金不足的压力。资产负债率（$Lev_{i,t}$）的均值为39.81%，说明旅游企业的负债水平比较低。旅游企业的平均上市年龄（$Age_{i,t}$）为6.43年，公司规模（$Size_{i,t}$）平均为13.25亿元，说明旅游业上市公司整体上比较年轻，总资产规模偏小。所有样本的峰度都大于零，说明数据的分布比较陡峭，为尖峰分布，尤其是投资支出、股票累积年度超额报酬率和增长速度。这三个指标的偏度比较大，说明样本企业在这三个方面的差异比较大，存在个别很大的样本。

（三）相关性分析

表3-4是变量之间的皮尔逊相关性分析。

表3-4　　　　　　　　变量皮尔逊相关性分析

	$Invest_{i,t+1}$	$Invest_{i,t}$	$Q_{i,t}$	$R_{i,t}$	$Growth_{i,t}$	$Cash_{i,t}$	$Lev_{i,t}$	$Age_{i,t}$
$Invest_{i,t}$	0.043							
$Q_{i,t}$	-0.021	-0.084						
$R_{i,t}$	0.048	-0.055	0.023					
$Growth_{i,t}$	0.158**	0.193***	0.059	-0.019				
$Cash_{i,t}$	0.156**	-0.020	0.038	-0.089	0.054			
$Lev_{i,t}$	-0.089	0.084	-0.068	0.127*	0.091	-0.459***		
$Age_{i,t}$	-0.086	-0.083	0.157**	0.034	-0.010	-0.360***	0.133*	
$Size_{i,t}$	0.177**	0.337***	-0.169**	0.045	0.164**	-0.067	0.155**	0.228***

注：*、**、***分别表示在10%、5%和1%的水平上显著（双尾）。

由皮尔逊相关性分析可得，（t+1）年的投资支出（$Invest_{i,t+1}$）与t年的投资支出（$Invest_{i,t}$）不显著相关，而且相关系数也很小（0.043），说明旅游上市公司历年的投资呈不规律性，前后期之间没有必然联系。增长速度（$Growth_{i,t}$）和货币资金比率（$Cash_{i,t}$）与（$t+1$）年的投资支出显著正相关，说明企业的投资支出受到上一年的现金持有水平和成长能力的影响；公司规模（$Size_{i,t}$）与（$t+1$）年的投资支出（$Invest_{i,t+1}$）显著正相关，说明投资支出受到企业规模的影响，大公司下一年的投资支出更多。由于皮尔逊相关性分析是在没有控制其他变量的情况下得到的变量之间的两两关系。为了控制其他因素的影响，下面还需要进行多元回归分析。

（四）多元回归分析

本书运用统计软件 EVIEWS6.0 对投资期望模型进行回归，回归时应用了 White 调整异方差的方法对异方差进行控制。表 3–5 是模型回归结果。

表 3–5　　　　　　　　　模型回归结果

自变量	因变量（$Invest_{i,t+1}$）
$Invest_{i,t}$	-0.048
$Q_{i,t}$	0.067 **
$R_{i,t}$	-0.002
$Growth_{i,t}$	0.060
$Cash_{i,t}$	0.264
$Lev_{i,t}$	-0.119
$Age_{i,t}$	-0.030
$Size_{i,t}$	0.071 ***
Year	控制
R^2	0.174
$Adj-R^2$	0.079
F	1.827 **

注：*、**、*** 分别表示在 10%、5% 和 1% 的水平上显著（双尾）。

回归方程的 F 值为 1.827，在 5% 的水平上显著，说明线性关系成立。D–W 值为 2.03，说明回归的残差序列不存在自相关问题。调整后的 R 平方比较小，只有 7.9%，说明用 t 年的数据来预测（$t+1$）年的投资支出不是十分理想。可能影响旅游企业（$t+1$）年的投资支出的还有其他一些财务变量，比如（$t+1$）年的一些变量。由于此处的模型是用 t 年的数据来对 $t+1$ 年的投资支出进行预测，因此本书仍然尊重前人的研究方法，沿用 Richardson（2006）的模型。根据模型回归结果可知，t 年的托宾 Q（$Q_{i,t}$）和公司规模（$Size_{i,t}$）是影响（$t+1$）年投资支出的重要变量，与（$t+1$）年投资支出显著正相关。托宾 Q 一般认为是投资机会的代理变量，回归结果说明投资机会大的公司确实在下一年度进行了更多的投资。公司规模（$Size_{i,t}$）在多元线性回归下仍然与（$t+1$）年的投资支出显著正相关，说明我国的旅游上市公司存在明显的规模效应，规模大的公司未来投资支出比例也更大。

（五）投资效率计算

模型残差即为投资效率指标，残差大于零为投资过度；残差小于零为投资不足，残差的绝对值即为投资效率指标 Eff。回归残差的基本情况具体如表3-6所示。

表3-6　　　　　投资效率指标 Eff 的描述性统计

	均值（%）	中位数（%）	最大值（%）	最小值（%）	标准差（%）	N
总样本残差的绝对值	13.46	9.30	112.86	0.44	14.54	185
投资过度样本的残差	15.19	11.86	112.86	0.44	18.60	82
投资不足样本的残差	-12.09	-8.56	-0.72	-55.51	10.12	103

从表3-6的统计可以看出，185个样本中有82个样本为投资过度，103个样本为投资不足，说明旅游业整体而言倾向于投资不足，这个结论与魏伟、颜醒华（2013）和陈鹏键、彭程（2010）的研究结论一致。较大的标准差说明不同的旅游企业之间投资过度或投资不足的差异都很大。投资过度的样本虽然数量较少，但是均值的绝对值更大，这个结论与李柳（2013）对2008—2012年我国制造业上市公司的统计结果相同。从总样本残差的绝对值可以得出，无论投资不足还是投资过度，样本公司的投资支出里面有13.46%属于非效率的投资，说明无效投资的问题比较严重。

参考文献

[1] 陈共荣、徐巍：《大股东特征与企业投资效率关系的实证研究》，载《会计之友》，2011（1）：99-104。

[2] 陈鹏键、彭程：《破产风险因素下的旅游上市公司投融资决策互动关系研究》，载《中国会计学会高等工科院校分会2010年学术年会论文集》，2010。

[3] 陈秀顺：《中国旅游上市公司投资行为研究》，长安大学硕士学位论文，2011。

[4] 李锋：《基于综合模拟法的区域旅游投资预警研究——以河南省为

例》，载《中国人口资源与环境》，2011（5）：148-156。

［5］李柳：《股权结构与企业非效率投资——基于中国制造业上市公司的实证研究》，载《时代金融》，2013（12）：230-231。

［6］李青原、陈超：《最终控制人性质、会计信息质量与公司投资效率——来自中国上市公司的经验证据》，载《经济评论》，2010（2）：81-93。

［7］刘军、马勇：《我国旅游上市公司投资决策影响因素研究——基于16家旅游上市公司的面板数据》，载《第八届（2013）中国管理学年会论文集（选编）》，2013。

［8］卢惟：《控制权、现金流权与资本投资效率的关系研究》，载《商业时代》，2010（29）：63-64。

［9］陶卓民、薛献伟、管晶晶：《基于数据包络分析的中国旅游业发展效率特征》，载《地理学报》，2010（8）：1004-1012。

［10］王恩旭、武春友：《城市旅游经营效率评价模型研究》，载《当代经济管理》，2010（4）：39-42。

［11］王恩旭、武春友：《基于DEA模型的城市旅游经营效率评价研究——以中国15个副省级城市为例》，载《旅游论坛》，2010（4）：208-215。

［12］王灵、韩东林：《基于DEA模型的旅游业投资效率评价及对策研究——以皖苏浙沪比较为例》，载《黄山学院学报》，2011（1）：16-21。

［13］王唐：《上市公司股权结构与投资效率的关系研究》，石河子大学硕士学位论文，2011。

［14］王秀梅：《上市公司投资效率影响因素研究——以民营上市公司为例》，安徽大学硕士学位论文，2010。

［15］魏权龄：《数据包络分析（DEA）》，载《科学通报》，2000（9）：1793-1808。

［16］魏伟：《高管薪酬激励对旅游上市公司投资效率影响的实证研究》，华侨大学硕士学位论文，2012。

［17］魏伟、颜醒华：《基于多元回归分析的中国旅游上市公司投资效率研究》，载《重庆师范大学学报（自然科学版）》，2011（4）：128-133。

［18］吴向明、徐晓丽：《基于DEA-Malmquist指数的我国旅游上市公司投资效率评价研究》，载《现代物业·现代经济》，2013（9）：4-8。

［19］肖珉：《现金股利、内部现金流与投资效率》，载《金融研究》，

2010（10）：117-134。

［20］徐磊：《中国上市公司的投资行为与效率研究》，上海交通大学硕士学位论文，2007。

［21］徐晓丽：《我国旅游上市公司投资效率实证研究》，浙江工业大学硕士学位论文，2013。

［22］许陈生：《我国旅游上市公司的股权结构与技术效率》，载《旅游学刊》，2007（10）：34-39。

［23］许海东、许陈生：《我国旅游上市公司的经营效率分析》，载《商场现代化》，2009（4）：241-242。

［24］钟海生：《旅游业的投资需求与对策研究》，载《旅游学刊》，2001（3）：9-14。

［25］钟宜彬：《资本结构与股权结构、股权性质的关系》，载《南京审计学院学报》，2011（1）：66-72。

［26］周春梅：《旅游上市公司投资效率的测度与分析——基于募集资金投向变更视角的研究》，载《乐山师范学院学报》，2011（4）：56-59。

［27］周文娟、张红：《基于DEA模型的旅游上市公司投资效率评价研究》，载《旅游论坛》，2013（2）：57-62。

［28］Elorantal E., Holmstrm J., "Productivity Reconsidered: Critical Assessment of Investment", *International Journal of Production Economics*, 1998 (56-57): 133-144.

［29］Hovakimian G., Titman S., "Corporate Investment with Financial Constraints: Sensitivity of Investment to Funds from Voluntary Asset Sales", NBER Working Paper No. 9432, 2002.

［30］Jensen M. C., Meckling W. H., "Theory of the Firm: Managerial Behavior, Agency Costs and Ownership Structure", *Journal of Financial Economics*, 1976, 3 (4): 305-360.

［31］Lang, L., R. Litzenberg, "Dividend announcements: Cash flow signaling vs. free cash flow hypothesis?" *Journal of Financial Economics*, 1989, 24 (1): 181-191.

［32］Myers S. C., "The Capital Structure Puzzle", *The Journal of Finance*, 1984, 39 (3): 575-592.

［33］Richardson S., "Over-investment of Free Cash Flow", *Review of*

Accounting Studies, 2006, 11: 159 – 189.

[34] Vogt S. C., "The Cash Flow/Investment Relationship: Evidence from U. S. Manufacturing Firms", *Financial Management*, 1994, 23 (2): 3 – 20.

3.2 旅游上市公司投资效率影响因素之一：债务融资

会计恒等式表明，所有者的自有资金投入和债权人的债务资金投入是企业资金的两大来源。相比较而言，债务对企业的约束更为有力，这是因为如果企业不能按期偿还债务，就会被告上法庭，面临破产，因此强迫企业的股东和管理者必须关注资金的使用效率。本小节考察债务融资对旅游上市公司投资效率的影响。现有研究主要从企业债务融资比例、债务的期限结构和债务资金来源三个方面分析债务融资对公司投资效率的影响。早期的文献着重分析债务融资比例对投资效率的影响，而后期文献则进一步研究了债务期限结构和债务资金来源对投资效率的影响。下面笔者按照国外文献和国内文献予以分述。

3.2.1 文献综述

（一）国外文献综述

1. 负债融资与投资效率关系文献

Grossman 和 Hart（1982）指出，负债融资的相机治理功能，使管理层害怕因公司破产丧失种种利益，迫使管理层努力提高公司业绩，追求有价值的投资项目，提高投资效率。Stulz（1990）指出，债权人可以在债务合同中增加限定性条款来抑制经理的过度投资行为。Hart 和Moore（1998）分析了债务在说服管理层支出现金流量而不是转移现金流量中所起的作用，认为债务的存在对提高投资效率具有积极的意义。Lang 等（1996）选择 1970—1989 年美国 Compustat 数据库的样本数据，通过实证研究指出，债务并没有阻碍具有好的投资机会的公司的投资支出的增长，只是阻碍了投资机会较差的公司的投资支出的增长。他们认为这说明企业的债务对管理层的非效率投资具有较好的约束作用，能够抑制管理者过度投资的不当行为，增加股东财富。Aivazian 等（2005a）以 863 家加拿大上市公司 1982—1999 年的面板数据为样本，在控制了公司异质性的基础上，研究公司的融资是否对投资决策产生影响。他们发现债务融资水平与投资支出显著负相关，尤其是在低成长性的公司中更为明显，得到了与 Lang 等（1996）相似的结论；认为债务融资能够降低公司的代理问题，抑制无效投资。

2. 债务期限结构与投资效率关系文献

债务期限结构就是企业全部负债融资中长短期债务之间的比例关系。Myers（1977）认为，若投资项目的大部分收益归债权人所有，即使投资项目的净现值为正，股东和管理层也不愿意投资，出现投资不足的问题。他认为在未来成长机会可以预期的情况下，企业可以通过缩短负债期限来解决这个问题，因为如果债务期限在增长期权到期前结束，企业可以把债权变成股权，增加股东对利益的分享程度。Barnea 等（1980）通过模型分析也指出，缩短债务期限，采取短期债务滚动贷款方式，可以解决 Myers（1977）提出的投资不足问题。因此，他们认为企业应该拥有较多的短期债务。Jensen（1986）指出，当企业拥有较多的自由现金流时，管理者容易出现过度投资构建"企业帝国"的现象。为了抑制管理者的过度投资，企业可以采取增加短期负债的方法。因为短期负债不仅有利于减少企业的自由现金流，而且还增加了企业发生破产危机的可能性，激励管理者作出更加有效的投资决策。Hart 和 Moore（1995）将债务分为软债务和硬债务，软债务可以延期支付，硬债务不可延迟支付。短期债务属于硬债务，因此自由现金流充裕的企业应该发行更多的短期债务，以抑制过度投资行为。Leland 和 Toft（1996）认为，短期债务可以减少或消除与资本替代相关的代理成本，提高投资效率。Stulz（2000）指出，短期债务为贷款者提供了一个监督管理层的最有力的工具。Childs 等（2005）发现，虽然短期负债对公司价值的影响没有长期负债那么明显和直接，但是短期债务能为债务总水平的定价提供指导和参考标准，能够缓解投资不足与过度投资。Aivazian 等（2005b）选择 1982—2002 年美国 Compustat 数据库的样本数据，通过实证研究发现，在高成长性公司中，长期负债与投资明显负相关，而在低成长性公司中这种关系并不明显。他们认为这个证据说明长期负债导致了投资不足。Lyandres 和 Zhdanov（2005）认为负债会导致投资不足的观点对长期债务是适合的，对短期债务却并非如此，因为若短期债务比较高，公司倾向于提前实施投资机会，早获收益避免破产，不会出现投资不足的现象。Cutillas - Gomariz 和 Sánchez - Ballesta（2014）采用西班牙上市公司 1998—2008 年的数据，发现更短的债务期限结构有助于改善投资效率，既可以减轻过度投资问题，又可以减轻投资不足问题。他们还指出，由于西班牙的短期债务占总债务的比例超过了 60%，大大高于美国 22% 的水平（根据 Datta 等（2005）的统计），因此短期债务在提高投资效率方面的作用可能会更大。Mello 和 Miranda（2014）选择 1965—2001 年美国 Compustat 数据库的 366 个样本数据，研究了长期负债比例对过度投资的影响。他们发现这些公司在没有长期负债之前，保留着过量的现金；引入长期债务之后，现金比例戏剧性地下降了，特别是那些投资机会比较少的公司尤其明显。通过对过度投资子样本的分析，他们发现长期负债有助于降低公司的过度投资程度，提升股权价值。

3. 债务资金来源与投资效率关系文献

债务的资金来源主要是银行贷款和商业信用两种方式。银行贷款就是企业从银行获得的短期或长期借款，是企业融资的主要来源。商业信用是企业在商品交易过程中延期付款或预收货款而形成的企业之间的借贷关系，其表现形式有应付账款、应付票据和预收货款，是企业凭借自己的信用获得的短期融资。国外文献一般认为，银行作为"大贷款人"，有能力和动机对企业进行有效的监督，提高投资效率，避免过度投资。Diamond（1984）通过模型分析，认为银行这样的金融中介机构能够最小化对债务人的监督成本，解决监督所需的激励问题，起到治理作用。Rajan（1992）指出，银行可以监督企业并且控制它们的投资决策，避免投资偏差。和我国企业一样，西方的企业特别是中小企业也大量采用商业信用方式进行融资。Casey 和 O'Toole（2014）对欧洲的银行贷款受限的中小企业进行调查，发现具有一定信贷额度的公司喜欢采用商业信用来融资，而且规模越大、寿命越长的公司越喜欢这样做。但是国外文献研究商业信用与存货投资之间关系的文章比较多，笔者尚未查询到研究商业信用与公司整体投资效率的国外文献。

（二）国内文献综述

国内文献在研究债务融资与投资效率关系问题时，往往同时研究了债务融资比例、债务期限结构、债务资金来源这三个方面中的一个或几个。因此对于国内文献笔者不再区分债务融资比例、债务期限结构、债务资金来源进行逐一分析，而是按照文献发表的时间顺序逐篇进行简述。

何进日、周艺（2004）通过模型分析得出，债务融资虽然不能完全消除企业过度投资行为，但是它能提高企业的投资决策点，从而在抑制企业过度投资和非效率投资方面发挥作用。童盼（2005）选取 1999 年的 802 家非金融类上市公司作为样本，发现我国上市公司整体上表现出债务期限较短、长期债务比例较低的特点，短期借款未能制约投资不足和过度投资。她认为应该加速完善商业信用体系，加快银行体制改革。油晓峰（2006）选取 2002 年我国电子通讯和化工行业板块的 110 家上市公司的数据进行分析，发现上市公司的债务融资能够制约过度投资，提高投资效率。姜建军（2004）选取1999—2003年的230家制造业上市公司进行研究，发现资本结构与企业投资存在显著的负相关关系，他认为这说明负债对管理人员的投资行为起到了一定的约束作用，能够抑制过度投资。唐雪松等（2007）利用上市公司2000—2002年的数据进行研究，发现我国上市公司存在过度投资行为，负债是制约上市公司过度投资的有效机制。黄乾富、沈红波（2009）以1997—2004年的206家中国制造业上市公司为样本，发现我国企业投资不足与投资过度同时并存，债务比例与过度投资支出之间存在负相关关系；与银行借款相比，商业信用能够对过度投资起到约束作用；长期债务的比例较小，对过度投资行为的制约较弱，短期债务能够抑制过度投资。陈建勇等（2009）以我国A股上市公司1998—2006年的数据作为样本，发现非效率投资程度与短期债务比例呈现U型关系，而不是简单的线性关系；他们认为当债务期限结构比较均衡时，投资效率较高。谢军、朱倩渝（2010）选取了2007年434家制造业上市公司的数据，发现短期负债约束了公司的长期投资活动；而在一定负债程度上，长期负债有利于公司的长期投资行为。谢海洋、董黎明（2011）考察了我国2005—2006年上市公司投资行为与债务之间的关系，发现银行借款没有抑制过度投资，商业信用发挥了抑制过度投资的作用；短期借款没能抑制过度投资，长期借款则推动了企业的过度投资。周雪峰、兰艳泽（2011）对2002—2007年的民营上市公司的实证研究结果发现，债务融资总体上能够抑制民营企业的过度投资行为；短期债务能够抑制过度投资和投资不足的行为，而长期债务未能产生影响；银行借款能够抑制过度投资行为，商业信用能够抑制投资不足行为。程通（2012）对2008—2010年农业上市公司的86个样本数据进行了实证分析，发现负债融资能够提高投资效率；流动负债比长期负债在提高投资效率方面更为有效；银行借款比商业信用的作用更为显著。李四海等（2012）搜集了2007—2009年的934家A股上市公司的2 802个数据样本，发现负债水平没有能够约束过度投资，反而在一定程度上刺激了投资。他们认为这是我国特有的制度环境造成的。黄珺、黄妮（2012）以2006—2010年房地产上市公司为研究样本，发现我国房地产行业存在过度投资现象，债务融资总体上能够对房地产企业过度投资行为产生抑制，商业信用能够对过度投资产生抑制作用，银行借款没有发挥对过度投资的治理作用，反而与过度投资呈现正相关关系。陈凤（2013）对2008—2011年A股制造业上市公司的2 992个样本数据进行分析，发现商业信用能够抑制过度投资，而银行借款和债券融资都不能抑制过度投资。她认为这是由于我国商业银行大部分是国有控股，在追求企业价值最大化时还要服务于当地经济的发展，与地方政府的目标存在重叠；并且我国银行和企业的关系设计不是鼓励银行参与公司的治理，而主要是防范金融风险，因此银行对债务人不能进行有效的监督，所以不能制约企业的过度投资行为。她还指出，由于我国债券市场还不完善，债券持有人不能对债务人形成有效的监督，所以也不能对过度投资起到制约作用。刘晓艳（2013）以 2010—2012 年的高科技上市公司中新能源上市公司为样本，发现债务比例与过度投资和投资不足都存在负相关关系，说明负债能够制约这两种低效率投资行为。她还发现，短期负债比例能够同时抑制投资不足和过度投资，长期债务比例与过度投资呈现不明显的正相关关系，与投资不足呈现不明显的负相关关系。刘娥平、徐海（2013）选取 2006—2011 年的非金融类上市公司为样本，发现我国银行贷款没能起到治理过度投资的作用，反而加剧了上市公司的过度投资现象。戚昊辰（2014）分析了我国 2008—2012 年的 188 个钢铁上市公司的样本数据，发现我国钢铁行业上市公司普遍存在过度投资行为；银行借款不能够抑制过度投资，而商业信用能够抑制过度投资。Wei Jing 等（2014）搜集中国上市公司 2000—2011 年的 10 451 个公司年的样本数据，研究了中国上市公司的投资决策与银行贷款之间的关系。他们发现，银行借款比例与公司的投资负相关，并且这种负向关系在低增长的公司更为显著；短期借款和长期借款比例都和投资负相关，但是长期借款比例越高，长期借款与投资之间的负相关关系越弱。最后他们发现国有和非国有控股的公司里短期借款与投资之间的负向关系存在不同，国有控股公司里这种关系更弱。他们认为，虽然中国国有银行受到国家政策的影响，但是在公司的投资决策中仍然能够发挥监督的作用，特别是在低增长的公司里这种作用尤其显著。胡杰（2014）分析了 2002—2010 年的 948 家 A 股非金融类上市公司债务期限结构对过度投资的影响，发现缩短债务期限结构可以有效抑制企业的过度投资行为。

（三）旅游企业负债融资与投资效率关系文献综述

迄今为止，笔者尚未发现国外研究旅游企业负债融资与投资效率关系的文献，国内这方面的文献也很少。徐晓丽（2013）对我国 15 家旅游上市公司 2008—2012 年的数据进行测算，发现资产负债率与投资效率存在正相关关系。她认为这说明负债融资抑制了过度投资，对旅游上市公司的投资效率具有正面作用。但她运用 DEA 方法里的 Malmquist 指数模型来计算投资效率，不能区分投资过度与投资不足。陈鹏键、彭程（2010）选取 2000 年 12 月 31 日之前上市的21家A股旅游上市公司2000—2006年126个样本观测值的财务数据，发现在低负债水平下，负债融资越多，企业投资支出越多；在高负债水平下，负债融资越多，企业投资支出越少。他们没有对旅游上市公司的投资效率进行直接测算。

（四）文献简评

国外关于负债融资、债务期限结构和债务资金来源的研究给我国学者很多有益的启示，但是主要研究对象是西方发达国家的上市公司，我国学者要进行借鉴，还需要结合我国企业的实际情况。我国学者在积极仿效国外学者进行研究时，也根据我国实际情况进行了一些研究，比如关于我国银行存在预算软约束的问题的分析，对商业信用在我国企业融资中起到的积极作用的分析，等等。目前对旅游企业负债融资与投资效率关系进行深入研究的文献还是比较缺乏，这个领域还有进一步深入研究的空间。

3.2.2 实证检验

（一）理论假设

本章第一节已根据Richardson（2006）模型计算出了旅游上市公司样本的投资效率。185个样本中有82个样本表现为投资过度，103个样本表现为投资不足。前人的研究表明，负债融资对投资过度和投资不足的效果有可能存在差异，因此笔者区分投资过度和投资不足两种情况分别提出假设，并分别加以检验。

1. 投资过度

在负债融资比例与过度投资关系上，国外文献一般认为负债融资可以抑制过度投资，我国学者则存在多种观点。有的认为负债融资可以抑制过度投资，如何进日和周艺（2004）、油晓峰（2006）、姜建军（2004）、唐雪松等（2007）、黄乾富和沈红波（2009）、周雪峰和兰艳泽（2011）、黄珺和黄妮（2012）、刘晓艳（2013）、徐晓丽（2013）；有的认为负债融资不能抑制过度投资，如李四海等（2012）。可见，大部分文献都倾向于认为负债可以抑制过度投资。与其他行业相比，旅游企业有一个显著的特征，就是资产负债率比较低，2001—2013年，样本旅游企业的资产负债率仅为38.71%，大大低于上市公司的平均水平（59.35%）。笔者认为，在资产负债率比较高的情况下，企业的管理层会受到比较大的财务压力。由于担心企业破产，管理层的盲目投资行为会比较收敛。而在资产负债率比较低的情况下，企业的管理层财务压力比较小，负债对过度投资的抑制作用也比较小。根据旅游上市公司资产负债率偏低的实际情况，笔者提出假设1：

H1：旅游企业的负债融资比例与过度投资不存在显著关系。

在债务期限结构与过度投资关系上，国外文献倾向于认为短期负债可以抑制过度投资，但也有个别文献认为长期负债可以抑制过度投资（Mello 和 Miranda（2014））。我国学者则存在多种观点。有的认为短期负债可以抑制过度投资，如黄乾富和沈红波（2009）、周雪峰和兰艳泽（2011）、刘晓艳（2013）、胡杰（2014）；有的认为短期负债不能抑制过度投资，如童盼（2005）、谢海洋和董黎明（2011）；有的认为债务期限结构和过度投资之间存在 U 型的非线性关系，如陈建勇等（2009）。

在债务资金来源与过度投资关系上，国外文献倾向于认为银行借款可以抑制过度投资。我国学者存在分歧的意见。有的认为银行借款可以抑制过度投资，如周雪峰和兰艳泽（2011）、Wei Jing 等（2014）；有的认为银行借款不能抑制过度投资，如童盼（2005）、黄乾富和沈红波（2009）、谢海洋和董黎明（2011）、黄珺和黄妮（2012）、陈凤（2013）、刘娥平和徐海（2013）、戚昊辰（2014）；有的认为商业信用可以抑制过度投资，如黄乾富和沈红波（2009）、谢海洋和董黎明（2011）、黄珺和黄妮（2012）、陈凤（2013）、戚昊辰（2014）。总之，多数文献认为银行借款不能抑制过度投资，而绝大部分文献都赞同商业信用可以抑制过度投资。

根据笔者对全部旅游企业样本的统计，短期借款占短期负债的比例平均为 36.43%，商业信用占短期负债的比例为 23.95%，其他应付款占短期负债的比例为 19.00%，其余 20% 左右为应付职工薪酬（5.46%）、应交税费（5.04%）、一年内到期的非流动负债（6.38%）等，也就是说，短期负债主要由短期借款、商业信用和其他应付款组成。长期借款占样本公司长期负债的比例为 80.28%，其余为递延所得税负债等。也就是说，长期负债的主要由长期借款组成。由于文献表明，商业信用和银行借款对过度投资产生的影响可能有所不同，因此笔者认为不应该笼统地考察短期负债对过度投资的影响，而应该分为商业信用、短期借款和其他应付款分别来考察。由于长期负债的主体是长期借款，因此笔者的考察对象一共有四个：商业信用、其他应付款、短期借款和长期借款。

通常认为，商业信用由于其具有贸易背景，能够对企业形成硬性的约束，约束企业的过度投资行为。笔者经过查询，发现其他应付款主要包括应付关联企业工程款、应付景区管委会门票款、应付股权转让款等内容，也就是旅游企业与关联单位之间的一些往来款。相对于商业信用而言，这类款项弹性比较大，短期内可以拖欠，因此不能约束旅游企业的过度投资行为，但是由于其期限毕竟较短，不能长期拖欠，所以也不会助长企业的过度投资。因此笔者认为其他应付款与过度投资之间不存在显著关系。短期借款给企业造成了较紧迫的还款压力，对于过度投资应该有一定的约束力。笔者认为短期借款与过度投资存在负相关关系。长期借款与过度投资之间的关系相对复杂。长期借款具有一定的政策性，如基础设施建设贷款等，由于还款期比较长，可能助长企业的过度投资。但是当长期借款的比例比较大时，银行为了防范金融风险，会对企业的投资行为有所限制，增强监控，遏制企业的盲目过度投资。因此，笔者认为旅游企业的长期借款比例与过度投资之间存在着倒 U 型的非线性关系。根据上述分析，笔者提出假设 2 和假设 3 如下：

H2：旅游企业的商业信用比例与过度投资显著负相关；其他应付款比例与过度投资无显著相关关系。

H3：旅游企业的短期借款比例和过度投资显著负相关；长期借款比例和过度投资之间呈现倒 U 型关系。

2. 投资不足

在负债融资与投资不足的关系上，国外文献主要从债务期限结构的角度来进行分析，一般认为短期负债融资可以抑制企业的投资不足，而长期债务可能导致企业的投资不足。我国学者则存在多种观点。童盼（2005）认为短期借款未能制约投资不足；谢军、朱倩渝（2010）认为在一定负债程度上，长期负债有利于公司的长期投资行为，以解决投资不足的问题。周雪峰、兰艳泽（2011）认为商业信用能够抑制投资不足行为。刘晓艳（2013）发现债务融资比例能够制约投资不足。她还发现，短期负债比例能够抑制投资不足，长期债务比例与投资不足呈现不明显的负相关关系。总之，我国学者对于负债融资与投资不足关系的研究相对较少，得出的结论不一。

笔者认为，旅游企业的负债融资比例与投资不足程度呈现负相关关系，即提高负债比例能够缓解旅游企业的投资不足。这是由旅游企业资产负债率偏低、融资渠道匮乏的实际情况所决定的。赵恒伯（2004）、陈炜和殷少明（2005）、冯鸿周和刘佳（2005）、胡浩（2005）、张英（2005）、王景红（2006）、陆利兴和赵文飞（2007）、陆彪和陈雪琼（2008）、张正国等（2008）、方卫武和陈晶（2009）、刘晓明（2010）、旷红梅（2011）等讨论旅游业投融资的文献，都指出我国旅游业存在资金投入匮乏、融资渠道过于单一等问题。融资难的问题已成为制约旅游行业发展的最主要因素。2010年国务院办公厅印发《贯彻落实国务院关于加快发展旅游业意见重点工作分工方案》，2012年中国人民银行等七部委联合发布了《关于金融支持旅游业加快发展的若干意见》，2014年国家颁布《国务院关于促进旅游业改革发展的若干意见》，这些文件都强调拓宽旅游业的融资渠道，鼓励社会资本参与旅游业的投资，可见旅游企业确实存在融资困难、资金不足的问题。在融资困难的背景下，提高债务融资比例能够缓解旅游企业的投资不足。因此，笔者提出假设4如下：

H4：旅游企业的负债融资比例与投资不足显著负相关。

与前面的分析相似，由于短期负债包含内容较多，笔者不准备笼统地考察短期负债和长期负债对投资不足的影响，而是分为商业信用、其他应付款、短期借款和长期借款四个方面来分析。一般认为，商业信用虽然是企业的一项资金来源，但由于其交易性和短期性，对解决企业的投资不足不会有多大补益。虽然周雪峰和兰艳泽（2011）认为商业信用能够抑制投资不足，但是他们的研究样本是民营企业，而本书讨论的旅游企业主要是国有控股的企业，二者性质不同。因此笔者认为旅游企业的商业信用与投资不足之间不存在显著相关关系。其他应付款主要是旅游企业与关联单位之间的一些往来款，短期内可以拖欠，但是也不能长期拖欠，所以也不会加深或缓和企业的投资不足。因此笔者认为其他应付款与过度投资之间也不存在显著关系。银行借款里面的短期借款和长期借款都可以缓解旅游企业的融资约束，解决投资不足问题。根据上述分析，笔者提出假设5和假设6如下：

H5：旅游企业的商业信用比例和其他应付款比例与投资不足无显著关系；银行借款比例与投资不足显著负相关。

H6：旅游企业的短期借款比例和长期借款比例与投资不足显著负相关。

（二）模型构建与变量设定

为了检验上述六个假说，笔者借鉴有关研究成果，构建如下六个模型：

$$Eff_{i,t} = a_0 + \beta_1 Fcf_{i,t} + \beta_2 Roa_{i,t} + \beta_3 Lev_{i,t} + \beta_4 Size_{i,t} + \beta_5 Qtys_{i,t} + \sum_{n=1}^{11} \alpha_n Year_n + \varepsilon \quad (1)$$

式中，$Eff_{i,t}$是i公司t年的过度投资水平的绝对值，这个值越大，过度投资越严重；$Fcf_{i,t}$是i公司t年的自由现金流量，Jenson（1986）指出自由现金流量对公司的投资行为影响较大，其计算方法为：自由现金流量 = 息前税前利润×

（1－所得税税率）+折旧和摊销－营运资本增加－资本支出；$Roa_{i,t}$是i公司t年的总资产报酬率，赵卿（2012）发现过度投资问题在资产收益率低的公司里更加严重，姜付秀等（2009）、李四海等（2012）、郑立东等（2013）、胡杰（2014）也认为公司的盈利能力会影响投资行为，故而本文将总资产报酬率作为投资效率的一个控制变量；$Lev_{i,t}$是i公司t年的资产负债率，是负债融资比例的代理变量，是本方程主要考察的自变量；$Size_{i,t}$是i公司t年的总资产自然对数，是公司规模的代理变量，姜付秀等（2009）认为公司规模也可能影响投资效率；$Qtys_{i,t}$是i公司t年其他应收款占总资产的比例，程通（2012）认为控股股东的资金占用会影响公司的投资效率，因此笔者也将其他应收款比例作为一个控制变量放入方程；$Year_n$是年度虚拟变量，由于样本数据区间是12年（2002—2013年），设置了11个年度虚拟变量$Year_1$、$Year_2$……$Year_{11}$。这个模型是为了检验假设1。其中，$Eff_{i,t}$是上一小节计算所得；其余变量来自于国泰安经济金融数据库。去掉缺失值以后，还剩余78个过度投资样本数据。

$$Eff_{i,t} = a_0 + \beta_1 Fcf_{i,t} + \beta_2 Roa_{i,t} + \beta_3 Size_{i,t} + \beta_4 Qtys_{i,t} \\ + \beta_5 La_{i,t} + \beta_6 Ba_{i,t} + \beta_7 Qtyf_{i,t} + \sum_{n=1}^{11} \alpha_n Year_n + \varepsilon \quad (2)$$

式中，$Eff_{i,t}$是i公司t年的过度投资水平的绝对值；$La_{i,t}$是银行借款（包括短期借款和长期借款）占总资产的比例；$Ba_{i,t}$是商业信用占总资产的比例；$Qtyf_{i,t}$是其他应付款占总资产的比例；其他变量的含义同模型（1）。商业信用包括应付账款、应付票据和预收账款。这个模型是为了检验假设2。同模型（1），样本量也为78个。

$$Eff_{i,t} = a_0 + \beta_1 Fcf_{i,t} + \beta_2 Roa_{i,t} + \beta_3 Size_{i,t} + \beta_4 Qtys_{i,t} \\ + \beta_5 Sda_{i,t} + \beta_6 Lda_{i,t} + \beta_7 (Lda_{i,t})^2 + \sum_{n=1}^{11} \alpha_n Year_n + \varepsilon \quad (3)$$

式中，$Eff_{i,t}$是i公司t年的过度投资水平的绝对值；$Sda_{i,t}$是短期借款占总资产的比例；$Lda_{i,t}$是长期借款占总资产的比例；其他变量的含义同模型（1）。这个模型是为了检验假设3。同模型（1），样本量也为78个。

$$Eff_{i,t} = a_0 + \beta_1 Fcf_{i,t} + \beta_2 Roa_{i,t} + \beta_3 Lev_{i,t} + \beta_4 Size_{i,t} + \beta_5 Qtys_{i,t} \\ + \sum_{n=1}^{11} \alpha_n Year_n + \varepsilon \quad (4)$$

式中，$Eff_{i,t}$是t年的投资不足水平的绝对值，这个值越大，投资不足越严重；其他变量的含义同上。这个模型是为了检验假设4。其中，$Eff_{i,t}$是上一小节计算所得；其余变量来自于国泰安经济金融数据库。去掉缺失值以后，还剩余

97个投资不足样本数据。

$$Eff_{i,t} = a_0 + \beta_1 Fcf_{i,t} + \beta_2 Roa_{i,t} + \beta_3 Size_{i,t} + \beta_4 Qtys_{i,t} + \beta_5 La_{i,t} + \beta_6 Ba_{i,t}$$
$$+ \beta_7 Qtyf_{i,t} + \sum_{n=1}^{11} \alpha_n Year_n + \varepsilon \tag{5}$$

其中，$Eff_{i,t}$是t年的投资不足水平的绝对值；$La_{i,t}$是银行借款（包括短期借款和长期借款）占总资产的比例；$Ba_{i,t}$是商业信用占总资产的比例；$Qtyf_{i,t}$是其他应付款占总资产的比例；其他变量的含义同模型（4）。商业信用包括应付账款、应付票据和预收账款。这个模型是为了检验假设5。同模型（4），样本量也为97个。

$$Eff_{i,t} = a_0 + \beta_1 Fcf_{i,t} + \beta_2 Roa_{i,t} + \beta_3 Size_{i,t} + \beta_4 Qtys_{i,t} + \beta_5 Sda_{i,t}$$
$$+ \beta_6 Lda_{i,t} + \sum_{n=1}^{11} \alpha_n Year_n + \varepsilon \tag{6}$$

式中，$Eff_{i,t}$是t年的投资不足水平的绝对值；$Sda_{i,t}$是短期借款占总资产的比例；$Lda_{i,t}$是长期借款占总资产的比例；其他变量的含义同模型（4）。这个模型是为了检验假设6。同模型（4），样本量也为97个。

为清晰起见，笔者将研究的相关变量列表显示，具体如表3-7所示。

表3-7 负债融资对投资效率影响研究相关变量的定义

变量	含义	计算公式
$Eff_{i,t}$	投资效率指标	在模型（1）到模型（3）里是i公司t期的过度投资水平的绝对值；在模型（4）到模型（6）里是i公司t期的投资不足水平的绝对值
$Fcf_{i,t}$	自由现金流量比例	i公司t期［息税前利润×（1-所得税税率）+折旧和摊销-营运资本增加-资本支出］/期初总资产
$Roa_{i,t}$	总资产报酬率	i公司t期的净利润/总资产平均余额
$Lev_{i,t}$	负债水平	i公司t期末总负债/t期末总资产
$Size_{i,t}$	公司规模	i公司t期末总资产的自然对数
$Qtys_{i,t}$	其他应收款比例	i公司t期的期末其他应收款/期末总资产
$La_{i,t}$	银行借款比例	i公司t期的银行借款余额/总资产余额
$Ba_{i,t}$	商业信用比例	i公司t期的商业信用余额/总资产余额
$Qtyf_{i,t}$	其他应付款比例	i公司t期的其他应付款余额/总资产余额
$Sda_{i,t}$	短期借款比例	i公司t期的短期借款余额/总资产余额
$Lda_{i,t}$	长期借款比例	i公司t期的长期借款余额/总资产余额
$Year_n$	年度虚拟变量	由于样本数据区间是12年（2002—2013年），设置了11个年度虚拟变量$Year_1$、$Year_2$……$Year_{11}$

(三) 描述性统计

表3-8　　　　　　　　　过度投资样本描述性统计

变量	均值	中位数	最大值	最小值	标准差	偏度	峰度	数量
$Eff_{i,t}$	0.155339	0.120588	1.128609	0.004387	0.189899	3.480708	17.37319	78
$Lev_{i,t}$	0.449791	0.432653	0.763690	0.132116	0.160996	-0.11935	2.107359	78
$Size_{i,t}$	21.20030	20.87667	24.86261	19.20938	1.078603	1.192313	4.709404	78
$Qtys_{i,t}$	0.033974	0.015127	0.238690	0.000847	0.043979	2.189098	8.439472	78
$Qtyf_{i,t}$	0.058376	0.046384	0.157572	0.006656	0.037652	0.851102	2.739416	78
$Fcf_{i,t}$	0.087146	0.123476	0.475287	-1.10271	0.273237	-2.22125	9.603132	78
$Roa_{i,t}$	0.041857	0.039557	0.147316	-0.11537	0.04361	-0.2062	5.122879	78
$La_{i,t}$	0.248853	0.26967	0.529404	0	0.137701	-0.21984	2.00297	78
$Ba_{i,t}$	0.064958	0.047878	0.404231	0.001622	0.071021	2.670095	12.10961	78
$Sda_{i,t}$	0.143529	0.131397	0.427233	0	0.102709	0.736192	3.003491	78
$Lda_{i,t}$	0.105324	0.098449	0.301045	0	0.097392	0.430774	1.872251	78

表3-9　　　　　　　　　投资不足样本描述性统计

变量	均值	中位数	最大值	最小值	标准差	偏度	峰度	数量
$Eff_{i,t}$	0.122781	0.090739	0.555079	0.007195	0.10292	1.719953	6.40856	97
$Lev_{i,t}$	0.365271	0.350948	0.775615	0.079132	0.147085	0.523427	2.85338	97
$Size_{i,t}$	21.07626	20.82523	25.19922	19.46945	0.969224	1.860886	7.715919	97
$Qtys_{i,t}$	0.029139	0.016621	0.164586	0.00103	0.0312	1.701531	6.093982	97
$Qtyf_{i,t}$	0.053405	0.043501	0.169696	0.004621	0.034677	1.407336	4.997967	97
$Fcf_{i,t}$	0.068382	0.074601	0.299175	-0.50819	0.117171	-1.91316	10.61001	97
$Roa_{i,t}$	0.043965	0.041735	0.132178	-0.06748	0.038986	-0.27743	4.093125	97
$La_{i,t}$	0.159079	0.127377	0.4775	0	0.122947	0.523914	2.259303	97
$Ba_{i,t}$	0.075814	0.063066	0.259385	0.002369	0.063663	1.234836	4.039573	97
$Sda_{i,t}$	0.106771	0.085823	0.42134	0	0.090749	1.30741	4.868265	97
$Lda_{i,t}$	0.052308	0.010619	0.253282	0	0.070065	1.250206	3.372564	97

对比表3-8和表3-9，可见过度投资样本和投资不足样本在多个指标上存在差异。比如投资效率指标 $Eff_{i,t}$，过度投资样本是15.53%，投资不足样本是12.28%；资产负债率 $Lev_{i,t}$，过度投资样本是44.98%，投资不足样本是36.53%；其他应收款比例 $Qtys_{i,t}$，过度投资样本是3.40%，投资不足样本是2.91%；自由现金流量比例 $Fcf_{i,t}$，过度投资样本是8.71%，投资不足样本是

6.84%；银行借款比例 $La_{i,t}$，过度投资样本是 24.89%，投资不足样本是 15.91%；商业信用比例 $Ba_{i,t}$，过度投资样本是 6.50%，投资不足样本是 7.58%；短期借款比例 $Sda_{i,t}$，过度投资样本是 14.35%，投资不足样本是 10.68%；长期借款比例 $Lda_{i,t}$，过度投资样本是 10.53%，投资不足样本是 5.23%。总体来看，过度投资样本的投资效率更差，资产负债率更高，其他应收款比例更高，自由现金流量比例更大，银行借款更多。

（四）回归分析

由于模型较多，为了节省篇幅，本文略去相关性分析，只提供各个模型的多元回归分析。除了两个样本的负债水平与短期借款比例和长期借款比例之间的相关系数，以及投资不足样本的商业信用和公司规模之间的相关系数较高以外，其余变量之间的相关系数都低于 50%，说明不存在严重的多重共线性问题。而笔者将负债水平和长、短期借款比例分别放入两个模型中，不会出现多重共线性问题。对于同时涉及商业信用和公司规模两个变量的模型（5），笔者将进一步作稳健性检验，将公司规模从模型中去掉，以观察商业信用的回归系数是否有不同。

笔者运用统计软件 EVIEWS6.0 对模型（1）至模型（6）进行回归，用怀特（White）调整异方差的方法对参数进行估计。表 3-10 至表 3-15 分别为模型（1）至模型（6）的回归结果。

表 3-10　　　　模型（1）回归结果（因变量为投资过度）

自变量	因变量（$Eff_{i,t}$）
$Fcf_{i,t}$	-0.228
$Roa_{i,t}$	-1.495**
$Lev_{i,t}$	-0.220
$Size_{i,t}$	0.052
$Qtys_{i,t}$	-1.569**
Year	控制
R^2	0.327
$Adj-R^2$	0.151
F	1.855**

注：*、**、***分别表示在10%、5%和1%的水平上显著（双尾）。

表 3-10 的回归结果符合本文前面的假设 1。负债融资比例 $Lev_{i,t}$ 的回归系数虽然为负但不显著，说明旅游企业由于债务水平普遍偏低，对公司的过度投

资行为不能形成约束。总资产报酬率 $Roa_{i,t}$ 的回归系数显著为负，说明绩效越好的旅游上市公司的过度投资行为越少，投资效率越高。其他应收款比例 $Qtys_{i,t}$ 的回归系数显著为负，说明控股股东等其他关联方的资金占用导致的资金紧张能够抑制上市公司的过度投资行为。其他自变量的回归系数都不显著。

表 3-11　　　模型（2）回归结果（因变量为投资过度）

自变量	因变量（$Eff_{i,t}$）
$Fcf_{i,t}$	-0.248
$Roa_{i,t}$	-1.533**
$Size_{i,t}$	0.053
$Qtys_{i,t}$	-1.731**
$La_{i,t}$	-0.245
$Ba_{i,t}$	-0.642*
$Qtyf_{i,t}$	0.215
Year	控制
R^2	0.360
$Adj-R^2$	0.165
F	1.844**

注：*、**、***分别表示在10%、5%和1%的水平上显著（双尾）。

表 3-11 的回归结果符合本文前面的假设 2。商业信用比例 $Ba_{i,t}$ 与过度投资在 10% 的水平上显著负相关，说明旅游企业的商业信用确实发挥了硬约束的作用，抑制了过度投资。其他应付款比例 $Qtyf_{i,t}$ 的回归系数不显著，说明其确实与过度投资无显著相关关系。与模型（1）相同，总资产报酬率 $Roa_{i,t}$ 和其他应收款比例 $Qtys_{i,t}$ 的回归系数均显著为负，说明绩效越好的旅游上市公司的过度投资行为越少，控股股东等其他关联方的资金占用也能够抑制上市公司的过度投资行为。

表 3-12　　　模型（3）回归结果（因变量为投资过度）

自变量	因变量（$Eff_{i,t}$）
$Fcf_{i,t}$	-0.151
$Roa_{i,t}$	-1.474**
$Size_{i,t}$	0.059**
$Qtys_{i,t}$	-1.449*

续表

自变量	因变量（$Eff_{i,t}$）
$Sda_{i,t}$	-0.513*
$Lda_{i,t}$	1.674***
$(Lda_{i,t})^2$	-6.848***
Year	控制
R^2	0.385
Adj-R^2	0.197
F	2.048**

注：*、**、***分别表示在10%、5%和1%的水平上显著（双尾）。

表3-12的回归结果符合本文前面的假设3。短期借款比例$Sda_{i,t}$的回归系数显著为负，说明旅游企业的短期银行借款抑制了过度投资。长期借款比例$Lda_{i,t}$的一次方的回归系数显著为正，二次方的回归系数显著为负，说明长期借款比例和过度投资之间呈现倒U型关系。拐点为12.22%，亦即当长期借款比例低于12.22%时，提高长期借款比例助长了过度投资，当长期借款比例超过12.22%时，提高长期借款比例会抑制过度投资，因此旅游企业的长期借款比例应该适度。其他控制变量的回归结果与模型（1）和模型（2）相似。公司规模$Size_{i,t}$的回归系数显著为正，说明规模大的旅游上市公司有过度投资倾向。

表3-13　　　模型（4）回归结果（因变量为投资不足）

自变量	因变量（$Eff_{i,t}$）
$Fcf_{i,t}$	-0.161*
$Roa_{i,t}$	0.268
$Lev_{i,t}$	-0.229***
$Size_{i,t}$	0.015
$Qtys_{i,t}$	1.200*
Year	控制
R^2	0.312
Adj-R^2	0.174
F	2.266***

注：*、**、***分别表示在10%、5%和1%的水平上显著（双尾）。

表 3-13 的回归结果符合本文前面的假设 4。负债融资比例 $Lev_{i,t}$ 的回归系数显著为负,说明提高旅游企业的债务水平能够缓解投资不足。自由现金流量 $Fcf_{i,t}$ 的回归系数显著为负,说明提高旅游企业的现金持有程度能缓解投资不足。其他应收款比例 $Qtys_{i,t}$ 的回归系数显著为正,说明控股股东的资金占用加剧了旅游企业的投资不足问题。其他自变量的回归系数都不显著。

表 3-14　　　　模型（5）回归结果（因变量为投资不足）

自变量	因变量（$Eff_{i,t}$）
$Fcf_{i,t}$	-0.165*
$Roa_{i,t}$	0.302
$Size_{i,t}$	0.010
$Qtys_{i,t}$	1.068
$La_{i,t}$	-0.291***
$Ba_{i,t}$	-0.113
$Qtyf_{i,t}$	-0.026
Year	控制
R^2	0.450
$Adj-R^2$	0.396
F	8.391***

注：*、**、***分别表示在10%、5%和1%的水平上显著（双尾）。

表 3-14 的回归结果符合本文的假设 5。商业信用比例 $Ba_{i,t}$ 和其他应付款比例 $Qtyf_{i,t}$ 的回归系数均不显著,说明这两个变量对投资不足均不产生影响；银行借款比例 $La_{i,t}$ 与投资不足显著负相关,说明提高银行借款有助于缓解旅游企业的投资不足。自由现金流量 $Fcf_{i,t}$ 的回归系数显著为负,说明提高旅游企业的现金持有程度能缓解投资不足。其他自变量的回归系数都不显著。由于商业信用和公司规模两个变量的相关系数为 0.56,大于 0.50,为避免多重共线性问题,笔者将公司规模从模型中去掉,以观察商业信用的回归系数是否有不同。结果显示,商业信用的回归系数仍然不显著,其他变量的回归结果也没有发生显著变化。

表 3-15　　　　　模型（6）回归结果（因变量为投资不足）

自变量	因变量（$Eff_{i,t}$）
$Fcf_{i,t}$	-0.158*
$Roa_{i,t}$	0.345
$Size_{i,t}$	0.005
$Qtys_{i,t}$	0.994
$Sda_{i,t}$	-0.271**
$Lda_{i,t}$	-0.298***
Year	控制
R^2	0.327
$Adj-R^2$	0.182
F	2.257***

注：*、**、***分别表示在10%、5%和1%的水平上显著（双尾）。

表 3-15 的回归结果符合本文的假设 6。短期借款比例 $Sda_{i,t}$ 和长期借款比例 $Lda_{i,t}$ 均与投资不足显著负相关，说明短期借款和长期借款都可以缓解旅游企业的融资约束，解决投资不足问题。其他自变量的回归结果同模型（5）。

（五）研究结论

模型（1）至模型（6）的回归结果均符合预先的假设。本节的研究结果表明，债务融资的方方面面对旅游上市公司的投资效率确实会产生影响，旅游上市公司有必要改善融资结构，以提高投资效率，实现更好的发展。本节也存在一些局限性。李枫、杨兴全（2008）对 2001—2006 年所有非 ST 非金融类的 A 股上市公司进行研究，发现债务融资比例与银行借款在国有控股公司没有起到抑制过度投资的作用，相反还恶化了过度投资；而在非国有控股公司中起到了缓和过度投资的作用。李珣、周颖（2009）选取 1999—2004 年的制造业上市公司数据，发现在国有股比例小于 50% 的企业里，负债和债务期限结构对投资的相机治理作用得到了发挥，而在国有股大于 50% 的企业里，负债和债务期限结构对投资效率没有显著影响。由于本书的样本公司绝大部分为国有控股的上市公司，囿于数据限制，笔者没有对国有和民营企业进行比较。此外，张兆国、曾牧、刘永丽（2011）对 2005—2009 年的上市公司的实证研究表明，政治关系对企业的债务融资与投资行为之间的关系产生显著影响。慕佩珊（2010）选取 2007—2011 年我国 A 股民营上市公司的数据，研究了政治关联背景下民营上市公司债务融资与过度投资行为之间的关系。她发现民营上市公司的债务融资能够抑制过度投资行为，但是政治关联使民营公司的债务融资产生软约束，限制了负债的相机治理作用。由于精力限制，笔者在研究旅游企业债务融资对投资效率影响的时候，没有结合政治关联进行深入讨论。这些问题，留待以后再作进一步研究。

参 考 文 献

[1] 陈凤：《债务来源、产权性质与过度投资——基于我国制造业上市公司数据分析》，贵州财经大学硕士学位论文，2013。

[2] 陈建勇、王东静、张景青：《公司债务期限结构与投资效率》，载《数量经济技术研究》，2009（4）：80-92。

[3] 陈鹏键、彭程：《破产风险因素下的旅游上市公司投融资决策互动关系研究》，载《中国会计学会高等工科院校分会 2010 年学术年会论文集》，2010。

[4] 陈炜、殷少明：《新疆旅游业投融资若干问题及对策分析》，载《新疆财经》，2005（5）：22-26。

[5] 程通：《农业上市公司投资效率及影响因素的实证研究》，中国海洋大学博士学位论文，2012。

[6] 方卫武、陈晶：《江西旅游企业现状分析及发展策略》，载《企业经济》，2009（11）：150-152。

[7] 冯鸿周、刘佳：《关于山西旅游产业投融资问题的研究》，载《生产力研究》，2005（11）：185-245。

[8] 傅蕴英、张秀芳：《债务期限结构与企业投资行为的关系研究述评》，载《会计之友》，2010（2）：91-93。

[9] 何进日、周艺：《债务融资对企业过度投资约束的分析》，载《湘潭师范学院学报（社会科学版）》，2004（9）：43-45。

[10] 胡浩：《中国旅游业投融资机制研究》，载《社会科学家》，2005（1）：141-143。

[11] 胡杰：《债务期限结构对过度投资的影响研究——基于非金融类上市公司的数据》，载《南京审计学院学报》，2014（1）：70-77。

[12] 黄乾富、沈红波：《债务来源、债务期限结构与现金流的过度投资——基于中国制造业上市公司的实证证据》，载《金融研究》，2009（9）：143-155。

[13] 黄珺、黄妮：《过度投资、债务结构与治理效应——来自中国房地

产上市公司的经验证据》，载《会计研究》，2012（9）：67-73。

[14] 姜付秀、伊志宏、苏飞、黄磊：《管理者背景特征与企业过度投资行为》，载《管理世界》，2009（1）：130-139。

[15] 姜建军：《资本结构对企业投资行为的影响——以制造业上市公司的固定资产投资为例》，浙江大学硕士学位论文，2004。

[16] 旷红梅：《红色旅游投融资问题研究》，载《桂林师范高等专科学校学报》，2011（1）：52-55。

[17] 李枫、杨兴全：《债务融资、债务结构与公司过度投资行为——来自我国上市公司的经验证据》，载《大连理工大学学报（社会科学版）》，2008（12）：46-51。

[18] 李四海、罗月乔：《审计质量、债务融资与企业投资行为——来自我国上市公司的经验证据》，载《投资研究》，2012（10）：14-26。

[19] 李珣、周颖：《债务期限结构对企业投资行为影响的实证研究》，载《财会通讯》2009（8）：76-79。

[20] 刘晓明：《我国中小旅游企业融资渠道及方式创新研究》，载《青岛职业技术学院学报》，2010（6）：77-79。

[21] 刘晓艳：《我国高科技上市公司债务融资对投资行为的影响研究》，山西财经大学硕士学位论文，2013。

[22] 刘娥平、徐海：《债务融资硬约束与过度投资治理》，载《中山大学学报（社会科学版）》，2013（6）：192-203。

[23] 陆利兴、赵文飞：《屏南县旅游经济增长与融资问题初探》，载《福建金融》，2007（11）：47-49。

[24] 陆彪、陈雪琼：《我国旅游业投融资现状与问题研究》，载《桂林旅游高等专科学校学报》，2008（6）：334-338。

[25] 慕佩珊：《政治关联背景下民营上市公司债务融资与过度投资行为研究》，西南交通大学硕士学位论文，2010。

[26] 戚昊辰：《债务来源对过度投资治理效应的研究》，载《长春理工大学学报（社会科学版）》，2014（1）：115-121。

[27] 唐雪松、郭建强：《基于自由现金流代理成本假说的投资行为研究》，载《证券市场导报》，2007（4）：62-68。

[28] 唐雪松、周晓苏、马如静：《上市公司过度投资行为及其制约机制的实证研究》，载《会计研究》，2007（7）：44-52，96。

[29] 童盼：《负债期限结构与企业投资规模——来自中国 A 股上市公司的经验研究》，载《经济科学》，2005（5）：93-101。

[30] 王景红：《西北地区旅游业的融资对策》，载《唐都学刊》，2006（5）：51-54。

[31] 谢军、朱倩渝：《债务期限结构对公司投资行为的影响》，载《上海商学院学报》，2010（1）：87-90。

[32] 谢海洋、董黎明：《债务融资结构对企业投资行为的影响》，载《中南财经政法大学学报》，2011（1）：92-96，143-144。

[33] 徐晓丽：《我国旅游上市公司投资效率实证研究》，浙江工业大学硕士论文，2013。

[34] 油晓峰：《我国上市公司负债融资与过度投资治理》，载《财贸经济》，2006（10）：23-25。

[35] 张英：《湘鄂渝黔边旅游业建设投融资对策研究》，载《中南民族大学学报（人文社会科学版）》，2005（9）：66-69。

[36] 张兆国、曾牧、刘永丽：《政治关系、债务融资与企业投资行为——来自我国上市公司的经验证据》，载《中国软科学》，2011（5）：106-121。

[37] 张正国、汪宇明、朱璇：《我国旅游企业融资合作问题研究》，载《郑州大学学报（哲学社会科学版）》，2008（5）：65-68。

[38] 赵恒伯：《我国旅游投资存在的问题及对策研究》，载《江西社会科学》，2004（12）：235-237。

[39] 赵卿：《股权结构、内部现金流和企业投资行为——对自由现金流和信息不对称理论的检验》，载《技术经济与管理研究》，2012（9）：110-114。

[40] 周雪峰、兰艳泽：《债务融资对非效率投资行为的影响作用——基于中国民营上市公司的实证研究》，载《暨南学报（哲学社会科学版）》，2011（3）：23-31。

[41] Aghion, P., Bolton P., "An Incomplete Contract Approach to Financial Contracting", *Review of Economic Studies*, 1992, 59 (3): 473-494.

[42] Aivazian V. A., J. P. Qiu, "The Impact of Leverage on Firm Investment: Canadian Evidence", *Journal of Corporate Finance*, 2005a, 11: 277-291.

[43] Aivazian V. A., Y. Ge, J. P. Qiu, "Debt Maturity Structure and Firm

Investment ", *Financial Management*, 2005b, 34 (4): 107-119.

[44] Barnea A., R. A Haugen, L. W. Senbet, " A Rationale for Debt Maturity Structure and Call Provisions in the Agency theoretic framework", *The Journal of Finance*, 1980, 35 (5): 1223-1234.

[45] Childs P. D., Mauer D. C., Ott S. H., "Interactions of Corporate Financing and Investment Decisions: The Effects of Agency Conflicts ", *Journal of Financial Economics*, 2005, 76: 667-690.

[46] Datta S., Iskandar-Datta M., Raman K., "Managerial Stock Ownership and Maturity Structure of Corporate Debt ", *The Journal of Finance*, 2005, 60 (5): 2333-2350.

[47] Diamond D. W., "Financial Intermediation and Delegated Monitoring", *The Review of Economic Studies*, 1984, 51: 393-414.

[48] Casey E., O'Toole C. M., "Bank Lending Constraints, Trade Credit and Alternative Financing during the Financial Crisis: Evidence from European SMEs", *Journal of Corporate Finance*, 2014, 27: 173-193.

[49] Grossman S., Hart O., "Corporate Financial Structure and Managerial Incentives", in McCall J. Ed: The Economics of Information and Uncertainty [M], University of Chicago Press, 1982: 107-140.

[50] Hart O., J. Moore, " Debt and Seniority: an Analysis of the Role of Hard Claims in Constraining Management ", *American Economic Review*, 1995, 85: 567-585.

[51] Hart O., J. Moore, " Default and Renegotiation: A Dynamic Model of Debt", *The Quarterly Journal of Economics*, 1998, 113: 1-41.

[52] Jensen M., "Agency Costs of Free Cash Flow, Corporate Finance, and Takeovers ", *American Economic Review*, 1986, 76: 323-329.

[53] Lang Larry, Ofek E., Stulz M. Leverage, "Investment and Firm Growth", *Journal of Financial Economics*, 1996, 40 (1): 3-29.

[54] Leland H. E., Toft K. B., "Optimal Capital Structure Endogenous Bankruptcy and the Term Structure of Credit Spreads ", *The Journal of Finance*, 1996, 51 (3): 987-1019.

[55] Lyandres, E., Zhdanov, A., "Underinvestment or Overinvestment? The Effect of Financial Leverage on Investment ", 2005, SSRN working paper.

[56] M. F. Cutillas Gomariz, J. P. Sánchez Ballesta, " Financial Reporting

Quality, Debt Maturity and Investment Efficiency ", *Journal of Banking & Finance*, 2014, 40: 494 – 506.

[57] Myers S. C., "Determinants of Corporate Borrowing", *Journal of Financial Economics*, 1977, 5: 147 – 175.

[58] R. D. Mello, M. Miranda, "Long – term Debt and Overinvestment Agency Problem ", *Journal of Banking & Finance*, 2010, 34: 324 – 335.

[59] R. G. Rajan, "Insiders and Outsiders: The Choice between Informed and Arm's – length Debt", *The Journal of Finance*, 1992, 47 (4): 1367 – 1400.

[60] Smith C. W., R. L. Watts, " The Investment Opportunity Set and Corporate Financing, Dividend and Compensation Policies", *Journal of Financial Economics*, 1992, 32 (3): 20 – 27.

[61] Stulz Rene M., " Managerial Discretion and Optimal Financing Policies", *Journal of Financial Economics*, 1990, 26 (1): 3 – 27.

[62] Stulz Rene M., " Does Financial Structure Matter for Economic Growth? A Corporate Finance Perspective ", *Working Paper*, Ohio State University, 2000.

[63] Wei Jiang, Yeqin Zeng, "State Ownership, Bank Loans, and Corporate Investment", *International Review of Economics and Finance*, 2014, 32: 92 – 116.

3.3 旅游上市公司投资效率影响因素之二：公司治理结构

已有文献表明，公司治理结构也会对企业的投资效率产生重要影响。本节主要考察公司治理结构对旅游上市公司投资效率的影响。公司治理结构就是对公司的所有者、董事会和高级管理人员进行权利和义务分配的一种制度框架。现有关于公司治理结构与投资效率关系的研究主要从与所有者相关的股权集中度、与董事会相关的独立董事比例及董事长与总经理两职合一状况、与高级管理人员相关的高管报酬三个方面展开。下面按照国外文献和国内文献予以分述。

3.3.1 文献综述

（一）国外文献综述

1. 股权结构与投资效率关系文献

一些文献研究了大股东与企业过度投资之间的关系。Johnson 等（2000）、

Bae 等（2002）、Gugler 等（2003）指出，股权过度集中使得控股股东有机会采用过度投资、少发股利、并购等手段侵害债权人或中小股东的利益。Albuquerue 等（2008）发现，在规模比较大的公司里面，当投资者保护不足时，控股股东为了谋求私有收益，可能会过度投资。但是 Shleifer 和 Vishny（1986）、Huddart（1993）等提出，大股东的存在可以减轻管理层代理问题，限制管理层的过度投资。

还有一些文献分析了大股东与企业投资不足之间的关系。Myers 和 Majluf（1984）指出，由于股东和外界之间存在信息不对称，随着股东持股比例的增加，大股东将承担更多的外部股权融资错误定价产生的不利后果。由于经理人在作决策时是代表股东利益的，因而不愿意扩大外部融资，最终造成投资不足。Zhang Guochang（1998）指出，与小股东相比，大股东承担的投资风险更大，因此对风险更为规避，造成投资不足。他认为，由于负债具有风险转移的功能，应该用发行风险债券的方法来鼓励大股东增加投资。

2. 董事会与投资效率关系文献

（1）独立董事比例与投资效率

Fama（1980）认为，独立董事受到声誉市场的约束，因此会抵制与经理层的勾结和共谋，监督经理层的工作。Fama 和 Jensen（1983）指出，独立董事可以担任管理层不同意见的仲裁者，通过制定管理层的薪酬或者为公司寻找更合适的经理来减轻股东和管理层之间的代理问题。这两篇文献是研究独立董事作用的经典文献。

Chung 等（2003）指出，在缺少监督和约束的情况下，公司的管理层可能为了最大化自身的利益而作出次优的投资行为。他们考察了 1991—1995 年美国上市公司的资本支出和研发支出与公司市场价值之间的关系，发现独立董事比例比较高的公司的资本支出和研发支出对公司的市场价值具有积极作用。

Malmendier 和 Tate（2005）的研究表明，独立性高的董事会有助于减少管理者过度自信引起的过度投资行为。Le 等（2006）搜集了美国 1996—2001 年的 517 家技术上市公司的数据，发现独立董事比例的提高有助于强化研发支出与绩效之间的正向关系。他们认为，独立董事可以在管理层的研发投资决策过程中进行积极的参与、监管和规划，提供信息和知识，有助于这些投资项目的成功。

Richardson（2006）分析了美国 2002 年 815 家自由现金流为正的上市公司的数据，发现独立董事持股比例的提高能够抑制公司的过度投资行为。

Enya 和 Sommer（2010）认为，政府对董事会规模及构成的强制要求（如萨班斯法案）可能是不适当的，因为不同的行业和公司可能对董事会特征的要求不一样。她们考察了美国财产及责任保险行业，发现随着所有权和控制权分离程度的加大，财产及责任保险公司的董事会里面的独立董事的比例越来越高。她们认为这个发现印证了 Fama 和 Jensen（1983）的推断，同时也说明公司可以根据股权结构来合理地规划董事会结构，市场是有效率的。

（2）董事长与总经理两职合一与投资效率

国外文献主要是研究两职合一与公司绩效之间的关系，得出了不一致的结论。一些文献认为两职合一会带来严重的代理问题。Fama（1980）指出，如果总经理控制了董事会，那么总经理可能会勾结起来侵占股东的财富，而不是努力工作。Bhagat 和 Bolton（2008）对 1998—2002 年美国上市公司数据的研究表明，CEO 两职分离的公司的绩效优于两职合一的公司。Kim 等（2009）指出，两职合一使得自利的总经理在公司的战略管理中能够采取机会主义行为。这是因为两职合一打破了总经理和董事会之间的权力的平衡，使得董事会不能监管管理层。其次，两职合一增加了总经理和董事会之间的信息不对称，造成代理问题，使得董事会对管理层的监管更加困难。他们在 2002 年《财富》杂志评选的 1000 家美国公司中随机选出 290 家公司进行考察，发现，两职合一的企业不相关多元化投资的现象更加严重。

另外一些文献认为，两职合一有利于提高公司的财务决策效率。Guillet 等（2013）研究了 CEO 和董事长两职合一对美国饭店业绩效的影响。他们发现相对于提供快速服务的饭店企业，两职合一在提供全面服务的饭店企业里更加有助于提升业绩。Yang 和 Zhao（2014）考察了 1989 年在加拿大和美国自由贸易协定的冲击下，北美上市公司的两职合一与公司绩效之间的关系。她们发现在竞争环境变动的时候，两职合一的公司的绩效要好于两职分离的公司。她们认为这说明两职合一有利于节约信息成本和快速作出决策。

3. 高管薪酬与投资效率关系文献

Holmstrom 和 Costa（1986）、Hirshleifer 和 Thakor（1992）指出，经理可能因为担心投资失败影响自身的薪酬而放弃好的投资机会或选择更为安全的项目，造成投资不足。Aggarwal 和 Samwick（2006）认为在公司的投资决策上，经理同时存在着私人收益和私人成本。私人收益驱动着经理进行"企业帝国"建造等过度投资，而私人成本将导致经理懒惰和懈怠，从而导致投资不足。他们发现，随着对经理激励程度的上升，公司的投资和绩效都同时上升，说明目前公司投资存在的主要问题是经理由于懈怠引起的投资不足。他们认为，应该优化经理的报酬合同，鼓励他们积极地进行投资。Bruce 和 Hui Li（2010）的研究发现，投资者的情绪会影响管理层薪酬与投资水平之间的关系。他们发现管理层的持股比例与公司的投资支出水平正相关，但是这种关系会受到投资者乐观程度的影响。他们指出，这反映出管理层在作出投资决策时，不但迎合投资者的情绪，而且也考虑了自己的利益，因此在投资者乐观的时候会作出过度投资决策。Eisdorfer 等（2013）发现，管理层的报酬计划里面的债务相关报酬（指养老金和延期支付的报酬）和股权相关报酬（指股票或股票期权报酬）之间的比例和所服务公司的债务—股权之间的比例的差异越大，管理层的投资决策的扭曲程度越大。当管理层报酬计划里面的债务报酬比例高于公司的债务比例时，管理层倾向于投资不足；反之，管理层倾向于投资过度。Tsao 等（2014）研究了台湾研发密集型企业，发现在家族企业里面，总经理的薪酬更多地与企业的研发投资水平而不是与企业业绩相关。她们认为这导致了更高的投资效率，提升了企业的价值。

（二）国内文献综述

1. 股权结构与投资效率关系文献

一些文献指出，大股东持股比例与上市公司的过度投资行为正相关，或者二者存在先增后减的倒 U 型关系。李鑫（2008）考察了 2001—2004 年的 A 股上市公司数据，发现随着大股东持股比例的增加，上市公司过度投资程度加剧。张栋等（2008）考察了 1999—2005 年的 A 股上市公司，发现第一大股东持股比例与过度投资水平呈现倒 U 型关系；国有上市公司相对于非国有上市公司存在更为明显的过度投资倾向。杨清香等（2010）选择 2006—2008 年的 A 股上市公司数据，发现第一大股东持股比例与投资不足呈不显著的相关关系，与投资过度显著正相关，并且在国有控股上市公司中更为突出。袁玲（2010）选取 2000—2004 年非金融类 A 股上市公司的数据，发现随着第一大股东持股比例的上升，上市公司的投资—现金流敏感度在提高，尤其是国有企业。她认为这说明由于最终所有权的缺位，国有企业的经营者会利用控制权谋取私利，进行无效投资。刁婷婷（2011）选取 2008—2009 年的上市公司面板数据，发现控股股东控制权越大，过度投资现象越严重；独立董事的增加不能抑制过度投资。姜乃平（2012）以 A 股上市公司 2006—2008 年数据为样本，发现大股东持股比例越高，自由现金流的过度投资行为越严重。当第一大股东是国有股时，过度投资行为更严重。沈洪涛（2012）选择 2003—2006 年的非金融 A 股上市公司样本，发现第一大股东持股比例较高时，上市公司存在严重的过度投资现象。徐一民（2012）选取 2007—2010 年的 A 股上市公司，发现随着第一大股东持股比例的增加，企业的过度投资水平增加。韦琳、石华（2013）选取 2008—2010 年 A 股上市公司制造业的数据，发现第一大股东持股比例与投资过度显著正相关。詹昀竑（2014）选取 2008—2012 年的 A 股上市公司数据，发现第一大股东持股比例与过度投资显著正相关。

另一些文献指出，大股东的持股比例与上市公司的过度投资行为负相关，或存在先减后增的 U 型关系。张翼、李辰（2005）分析了 1998—2001 年 A 股上市公司的数据，发现在地方政府或一般国企控制的公司里，随着第一大股东持股比例的增加，投资对现金流的敏感度下降，说明大股东持股比例的提高会减少损害小股东利益的非理性过度投资。而他们在中央部委、境内非国有实体和自然人最终控制的公司里没有发现过度投资的问题。饶育蕾、汪玉英（2006）考察了我国 2001—2003 年非金融类 A 股上市公司的样本，也发现我国上市公司第一大股东持股比例与投资 - 现金流敏感度显著负相关的证据，而且第一大股东是国家时，负相关系数更大。孟一琳（2009）利用 2001—2007 年 A 股上市公司的数据进行分析，发现股权分置改革后，第一大股东持股比例对过度投资行为影响的 U 型分界点从 38% 下降到 30%。亦即，第一大股东在持股比例低于 30% 时，能够发挥监督作用，抑制过度投资；在持股比例高于 30% 时，开始谋取私人利益，过度投资行为增加。汪平、孙士霞（2009）考察我国 2005—2007 年上市公司的相关数据，发现我国普遍存在过度投资问题，第一大股东持股比例和股权集中度在某种程度上可以制约这一问题。李亚楠（2010）选取 2002—2008 年的非金融类 A 股上市公司为样本，发现国有控股企业和大股东持股比例较高的企业的过度投资现象更弱。他认为股权相对集中有助于减少监督成本，缓解经理人之间的代理问题，降低经理人的过度投资行为。杜明能（2013）选择 2009—2011 年的 A 股上市公司的数据，发现股权集中度在一定程度上抑制了上市公司的过度投资。柳筱瑀（2013）选取 2009—2012 年的 A 股上市公司数据，发现在非国有上市公司中，第一大股东持股比例可以有效地抑制自由现金流的过度投资，而国有上市公司里却没有这种现象。股权分置改革以后，我国上市公司第一大股东持股比例仍然较高，其他股东对第一大股东的制衡能力仍然较弱。

一些研究指出，我国上市公司在存在过度投资行为的同时，还存在着严重的投资不足问题，赵姗姗（2014）以 A 股上市公司 2010—2012 年的数据为样本，发现与过度投资相比，我国上市公司中投资不足的现象更为普遍。类似的结论还有周伟贤（2010）、邱梦（2013）、杜明能（2013）等。有些文献指出，大股东的存在或大股东持股比例的上升可能导致上市公司投资不足。吕长江、肖成民（2006）考察了民营上市公司阳光集团的案例，认为当掏空行为能够使公司资产获得更大的收益时，控股股东倾向于转移公司资产，带来投资不足。李春玲、张伟丽（2009）以我国西北地区上市公司2004—2008年的数据为样本，发现第一大股东持股比例与投资不足程度正相关。

另一些文献却认为，大股东的存在或大股东持股比例的上升可能抑制上市公司的投资不足。徐一民（2012）选取2007—2010年的A股上市公司，发现随着第一大股东持股比例的增加，企业的投资不足水平下降。杜明能（2013）选择2009—2011年的A股上市公司的数据，发现股权集中度在一定程度上抑制了上市公司的投资不足。韦琳、石华（2013）选取2008—2010年A股上市公司制造业的数据，发现第一大股东持股比例与投资不足显著负相关。

还有一些文献得出不同的结论。冉茂盛等（2010）发现大股东控制对投资效率具有"激励效应"和"损耗效应"的两面性，并且"损耗效应"大于"激励效应"；股东间的制衡对提高上市公司投资效率毫无益处。他们认为股权分置改革不应该过分强调降低股权集中度和提高股权制衡度。陈共荣（2011）选取2005—2007年我国制造业上市公司年度横截面的数据，建立Tobit回归模型，研究大股东特征与公司投资效率之间的关系。他发现第一大股东的持股比例与企业的投资效率呈现"N"形曲线关系：当第一大股东的控股比例低于25.88%时，主要显现控制权的"激励效应"，二者呈正相关关系；当股权相对集中，第一大股东的控股比例大于25.88%而小于50.34%时，主要反映大股东治理对上市企业投资效率的"损耗效应"，二者呈负相关关系；当股权高度集中，即第一大股东的控股比例超过50.34%，第一大股东已掌握企业的实际控制权时，所有权激励的正效应将提高企业的投资效率，二者又呈正相关关系。由于他们采用DEA法来计算投资效率，所以没能区分投资过度与投资不足。杨岚岚（2011）选择2006—2008年的A股上市公司数据进行研究，也发现第一大股东持股比例与上市公司的过度投资呈非线性关系。当第一大股东持股比例较低时，第一大股东持股比例与过度投资之间呈现负相关关系；当第一大股东持股比例较高时，过度投资行为会增加；当第一大股东持股比例非常高时，又产生了利益协同效应，过度投资再次得到抑制。李柳（2013）考察了2008—2012年的A股制造业上市公司的数据，发现上市公司的股权集中度越高，非效率投资程度越严重；国有控股会增加非效率投资的严重程度。他将投资预期模型残差的绝对值作为非效率投资指标，没有区分投资过度和投资不足。卢蒋运（2011）选取我国A股工业类上市公司2004—2009年的数据进行研究，发现我国工业类上市公司非效率投资行为较为严重，多数公司有投资不足的情况，少数公司出现过度投资，说明上市公司存在着资金短缺的问题。他还发现，第一大股东持股比例与非效率投资程度呈正相关关系，但他也没有区别投资不足和投资过度。张亢（2013）通过对2009—2011年A股上市公司的研究，发现第一大股东持股比例对投资效率没有显著影响。刘鑫莹等（2014）以2002—2011年的716家上市公司为样本，发现第一大股东持股比例与公司的非效率投资显著负相关。她们指出，可以通过提高第一大股东持股比例来抑制公司的短期和长期的非效率投资行为。她们也没有区分投资过度和投资不足。

2. 董事会与投资效率关系文献

（1）独立董事比例与投资效率

一些文献认为独立董事有助于提高投资效率。刘昀（2009）选取2001—2008年的A股上市公司样本，发现独立董事比例与过度投资水平负相关。韩钢、李随成（2011）选取我国2002—2009年的上市公司数据进行分析，发现独立董事比例与内部监督呈正相关关系。程柯等（2012）选取我国2006—2010年A股非金融类上市公司的数据作为样本，考察独立董事机制对投资效率的影响。他们发现独立董事比例的提高可以改善投资效率；无论是投资不足还是投资过度，都是如此。与国有上市公司相比，民营上市公司独立董事比例的提高对投资效率的改善更为显著。他们认为，如果董事会中的独立董事未能达到一定规模，独立董事就会人微言轻，在董事会决策中处于劣势地位，难以阻止管理层作出侵害股东利益的决策，无法有效发挥监督职能。戴秦等（2014）对2008—2011年A股上市公司进行研究，发现独立董事比例可以抑制上市公司自由现金流的过度投资。

另一些文献认为，独立董事与投资效率无显著关系。梅丹（2008）以特定行业的388家国有上市公司2001—2005年的数据为样本，没有发现独立董事比例对过度投资有显著影响。姜付秀等（2009）选取A股上市公司2003—2005年的数据作为样本，发现独立董事比例不能抑制企业的过度投资行为。李春玲、张伟丽（2009）发现独立董事比例与投资不足无显著关系。蒋明跃（2010）对2004—2008年的上市公司数据进行研究，发现独立董事比例与过度投资不存在显著相关性。陈运森、谢德仁（2011）选取2004—2009年A股上市公司的数据，发现独立董事比例与投资效率无显著关系。徐军等（2012）选取2006—2010年的A股上市公司作为研究对象，发现不管是国有控股上市公司还是非国有控股的上市公司，独立董事对过度投资的治理作用不明显。饶育蕾和王建新（2010）、朱磊和唐蓓（2011）也都发现独立董事未能发挥良好的监督作用。尹梦鸽（2013）选取2007—2011年的A股上市公司为样本，发现独立董事比例与企业过度投资负相关但不显著。张亢（2013）通过对2009—2011年A股上市公司的研究，发现独立董事比例对投资效率没有显著影响。

还有一些文献认为独立董事会降低投资效率。王婷婷（2010）对2007—2009年上市公司的数据进行分析，发现独立董事比例的提高会同时引起投资不足和投资过度两种非效率投资现象的增加。李怡（2013）选取2009—2011年上市的创业板公司作为研究对象，也发现创业板上市公司独立董事比例的提高会同时引起投资不足和投资过度两种非效率投资现象的增加。

（2）董事长与总经理两职合一与投资效率

国内文献基本得出两职合一会损害投资效率，两职分离会提高投资效率的结论。王婷婷（2010）发现两职分离不能够抑制过度投资，但能够减轻制造业上市公司的投资不足。饶育蕾、王建新（2010）对2007—2008年上市公司数据的分析发现，董事长与CEO两职分离有助于抑制CEO过度自信引起的过度投资行为。朱磊、唐蓓（2011）以2007—2009年的A股上市公司为研究对象，也得出同样的结论。李怡（2013）选取2009—2011年上市的创业板公司作为研究对象，发现创业板上市公司董事长与CEO两职分离有利于治理投资不足和投资过度两种非效率投资现象。尹梦鸽（2013）选取2007—2011年的A股上市公司为样本，发现董事长与CEO两职分离与过度投资显著负相关。同时也有个别文献没有发现两职合一对投资效率产生显著的影响。张亢（2013）通过对2009—2011年A股上市公司的研究，发现两职合一对投资效率没有显著影响。

3. 高管薪酬与投资效率关系文献

一些文献认为，高管薪酬有助于抑制过度投资或改善投资不足。李春玲、张伟丽（2009）发现高管薪酬与投资不足显著负相关。她们认为这是因为高管人员可以通过投资扩大企业规模，获得较高薪酬。马伟（2013）选取2005—2011年我国A股制造业上市公司的数据，发现高管货币薪酬激励与过度投资显著负相关。齐静妙（2011）选择2006—2009年的中国上市公司样本作为研究对象，发现高管薪酬与投资不足呈负相关关系。梁笑倩（2013）采用2009—2011年的A股制造业上市公司作为研究样本，也发现高管薪酬与投资不足呈负相关关系。

有些文献指出，高管的薪酬制度如果缺乏长期激励，容易引起投资不足。袁春生、杨淑娥（2006）指出，相对于股东的风险态度而言，经营者的风险态度会更加偏向于风险厌恶，可能使其在投资决策时选择低风险的投资项目，导致投资不足问题的发生。必须建立有效的激励机制，减轻经理人的防御心理。如授予高管人员股权和期权，为高管准备金色降落伞，解决其后顾之忧。张洪辉、王宗军（2009）发现当创新投资使经理担负较大的个人成本时，经理往往存在投资不足倾向。这是因为新创新项目的启动需要经理担负更大的责任，如监管、学习新的知识以便管理新项目。因此，他们指出，在创新投资活动中，应当提高经理的分成比例，给予经理更多的剩余索取权，才能降低投资不足程度。赵惠芳等（2010）考察了安徽省2006—2008年的上市公司的数据，发现投资不足和管理层的防御行为普遍存在，而且日趋严重。他们指出应当建立高管人员福利计划和退休金计划，完善高管的职业生涯规划，使经理人对未来有一个明确的预期，增加管理层持股比例。

另外一些文献得出高管薪酬和过度投资正相关的结论。齐静妙（2011）发现高管薪酬与过度投资呈正相关关系。简建辉、余忠福等（2011）采用2009—2011年我国A股上市公司数据，发现高管的货币薪酬激励不但没有抑制过度投资，反而加剧了过度投资。王焜（2012）选取我国A股上市公司2003—2010年的垄断行业的数据，发现非效率投资与高管薪酬显著正相关。梁笑倩（2013）发现高管薪酬与过度投资呈正相关关系。张璐芳、朱国泓（2014）分析了国企高管和董事会之间经营策略的博弈，认为无论董事会监管与否，高管的最优策略都是进行过度投资。她们认为应该引入市场机制来监督国有企业的经营，并消除国有企业与国有银行之间的融资便利。

（三）文献简评

尽管得出了不同的结论，大部分外国学者的研究表明，股权结构、董事会和高管薪酬等公司治理因素对投资效率会产生或正或负的显著影响。我国目前处于建立现代企业制度、探索合理的公司治理结构过程中。国内学者借鉴国外学者的理论，结合我国企业大股东持股比例普遍较高、独立董事制度建立时间不长、高管薪酬结构中长期激励不足的实际情况，也进行了研究，并提出了相关的政策建议。但是正如 Enya 和 Sommer (2010) 指出的，在公司治理结构与投资效率关系的研究上，行业因素可能影响最大，甚至超越了公司个体因素和时间因素。因此，利用同一行业的数据进行相关研究是有意义的。目前，关于旅游企业公司治理结构与投资效率关系的研究仅有许陈生 (2007)、魏伟 (2012)、刘军、马勇 (2013) 等个别文献，其中有些是研究公司治理因素对投资支出的影响，有些是研究薪酬业绩敏感度与投资效率关系的，不能较有力地说明旅游企业的股权结构、董事会特征及高管薪酬等公司治理因素与投资效率之间的关系。因此，在这些方面还有比较大的研究空间。笔者拟就这些问题作一番探讨。

3.3.2 实证检验

（一）理论假设

本章第一节已根据 Richardson (2006) 模型计算出了旅游上市公司样本的投资效率。185 个样本中有 82 个样本表现为投资过度，103 个样本表现为投资不足。考虑到方程回归时需要的控制变量，筛选数据不全的样本后，一共有 78 个过度投资样本和 97 个投资不足样本。已有文献表明，公司治理结构对投资过度和投资不足的影响效果存在差异，因此笔者区分投资过度和投资不足两种情况分别提出假设，并分别加以检验。

1. 投资过度

在第一大股东持股比例与过度投资关系上，国内外文献得出了显著正相关、显著负相关或呈非线性关系的多种结论，也有文献得出二者不存在显著关系的结论。根据笔者统计，在旅游上市公司的 78 个投资过度样本里面，第一大股东的持股平均比例为 38.08%，中位数为 38.77%；持股比例低于 20% 的样本有 10 个；持股比例高于 50% 的样本有 18 个；其余 50 个数据是位于 20%~50% 之间。说明第一大股东具有相对控制权的上市公司比例较大。李亚楠 (2010) 指出，处于绝对控股地位的上市公司，容易产生侵占小股东利益的过度投资现象，而股权过于分散的公司又容易引发管理层的过度投资问题，因此相对集中的股权结构有助于提高公司治理效率，减少过度投资行为的发生。根据旅游上市公司相对控股情况较多的实际情况，笔者提出假设 1：

H1：旅游企业的第一大股东持股比例与过度投资存在负相关关系。

在独立董事比例与过度投资关系上，国外文献倾向于认为独立董事可以抑制过度投资。我国学者则存在多种观点。根据笔者对 78 个过度投资样本数据的统计，发现独立董事比例平均为35.22%，中位数为33.33%，说明我国旅游业上市公司已经达到了证监会要求的独立董事占比不低于1/3的要求。笔者认为，独立董事制度尽管在中国实行时间不长，但是董事们丰富的专业知识和经验应该有助于减少上市公司的过度投资行为。因此，笔者提出假设2如下：

H2：旅游企业的独立董事比例与过度投资存在负相关关系。

在董事长与总经理两职合一与过度投资关系上，国外文献得出了不一致的结论。一些文献认为两职合一会带来严重的代理问题，导致过度投资；另一些文献认为两职合一可以提高决策效率。国内文献倾向于认为两职合一会导致投资过度。根据笔者对过度投资旅游企业样本的统计，发现两职合一的公司占样本总数的比例为14.10%，也就是说，大部分旅游上市公司是两职分离的。目前，证监会原则上要求上市公司的董事长和总经理两职分离。笔者认为，两职合一的旅游公司可能是上市时间比较早、总经理在公司的权威特别高的公司。在这样的公司里面，由于缺乏监督，两职合一的总经理很可能作出过度投资的决策。根据上述分析，笔者提出假设3如下：

H3：旅游企业的两职合一与过度投资存在正相关关系。

目前我国高管薪酬包括固定报酬、年薪和股权等形式，其中年薪与年度绩效相联系，是一种短期的激励；股权则是一种长期的激励。在高管报酬与过度投资问题上，国外文献论述不多，我国学者则得出了正相关或负相关的不同结论。Eisdorfer等（2013）发现，当管理层报酬计划里面的股权相关报酬（如股票和期权）比例更高时，管理层倾向于过度投资。诸多文献表明，我国上市公司的高管薪酬以固定性的货币薪酬为主。黄志忠等（2008）调查了2002—2006年的A股上市公司的薪酬结构，发现2006年采用年薪制或年薪与业绩挂钩的公司只有65.38%，仅有2.14%的公司建立股权激励，三成以上的高管拿的是固定报酬。周笑竺（2010）考察我国A股上市公司2006—2008年的高管薪酬结构，发现高管年薪与企业短期绩效的相关性更强，而且有36%的上市公司高管不持有本公司的股份。陈冲（2010）对2007—2008年数据的考察也发现，高管薪酬激励主要以短期激励为主，长期激励很少。赵息、李粮（2012）对2007—2010年A股国有上市公司的考察发现，高管薪酬结构中短期货币性报酬所占比例均值为72.5%，占比较高。张丽娜（2014）对2007—2012年A股上市公司的考察发现，高管零持股现象严重，大部分国有上市公司的高管薪酬以货币薪酬为主，只有19.77%的公司的权益薪酬高于货币薪酬。王素娟（2014）考察了2008—2012年的A股上市公司高管薪酬的数据，也发现高管零持股现象严重，固定薪酬占比达到73.46%。据笔者对样本旅游上市公司2002—2013年数据的统计，高管持股占公司总股数的比例仅为0.47%，而高管零持股公司的比例为73.71%，说明大部分旅游上市公司的高管薪酬计划也是缺乏长期激励的。因此笔者认为，旅游企业的高管薪酬不会引发投资过度，反而可能抑制正常的投资，造成投资不足。因此，笔者提出假设4如下：

H4：旅游企业的高管薪酬与过度投资之间不存在显著关系。

2. 投资不足

在第一大股东持股比例与投资不足关系上，Myers和Majluf（1984）指出，大股东由于承担更多的外部股权融资错误定价产生的不利后果，倾向于投资不足。Zhang Guochang（1998）指出，大股东为规避风险会造成投资不足，为解决这一问题，应该允许企业发行风险债券。国内文献则得出了正相关和负相关的不同结论。笔者认为，目前我国旅游上市公司融资渠道较少，比如规模较大、绩效较好的华侨城（000069），也是从2008年才开始发行企业债券。总体上，旅游上市公司大股东通过发行风险债券来转移投资风险比较困难，这有可能造成企业投资不足。根据实际情况，笔者提出假设5：

H5：旅游企业的第一大股东持股比例与投资不足存在正相关关系。

在独立董事比例、两职合一与投资不足关系上，国外文献讨论甚少。我国学者对此则存在正相关、负相关和不相关等多种观点。笔者认为，旅游企业的投资不足主要是由融资困难、风险无法有效转移造成的，独立董事对这样的问题不太可能有解决办法，也不可能激化矛盾。董事长与总经理是否两职合一也与投资不足关系不大。因此，笔者提出假设6和假设7如下：

H6：旅游企业的独立董事比例与投资不足不存在显著相关关系。

H7：旅游企业的两职合一与投资不足不存在显著相关关系。

前面已经指出，由于我国旅游上市公司的高管薪酬计划缺乏长期激励，因此可能抑制正常的投资，造成投资不足。Tsao等（2014）指出，如果总经理的薪酬更多地与企业的研发投资水平相关，则有助于提高投资效率。段阿曼（2013）考察了我国上市公司2006—2010年国有上市公司的数据，发现高管的股权激励与研发投入强度之间有显著正向关系，而高管的短期报酬对研发投入没有显著的影响。笔者认为，在目前以短期报酬为主的薪酬结构下，旅游上市公司高管薪酬越高，管理层就越会回避风险，放弃风险较高但净现值为正的投资项目，消极对待研发投入，导致投资不足。因此笔者提出假设8如下：

H8：旅游企业的高管薪酬与投资不足之间存在正相关关系。

(二) 模型构建与变量设定

为了检验本文的假说,笔者借鉴有关研究成果构建如下模型:

$$Eff_{i,t} = a_0 + \beta_1 Fcf_{i,t} + \beta_2 Roa_{i,t} + \beta_3 Lev_{i,t} + \beta_4 Size_{i,t} + \beta_5 Qtys_{i,t}$$
$$+ \beta_6 Large_{i,t} + \beta_7 CM_{i,t} + \beta_8 ID_{i,t} + \beta_9 MS_{i,t} + \sum_{n=1}^{11} \alpha_n Year_n + \varepsilon \quad (1)$$

式中,$Eff_{i,t}$ 是 i 公司 t 年的过度投资或投资不足的绝对值,这个值越大,投资效率就越低;$Fcf_{i,t}$ 是 i 公司 t 年的自由现金流量,其计算方法为:自由现金流量 = 息前税前利润 × (1 - 所得税税率) + 折旧和摊销 - 营运资本增加 - 资本支出;$Roa_{i,t}$ 是 i 公司 t 年的总资产报酬率;$Lev_{i,t}$ 是 i 公司 t 年的资产负债率;$Size_{i,t}$ 是 i 公司 t 年的总资产自然对数;$Qtys_{i,t}$ 是 i 公司 t 年其他应收款占总资产的比例;$Year_n$ 是年度虚拟变量,由于样本数据区间是 12 年(2002—2013 年),设置了 11 个年度虚拟变量 $Year_1$、$Year_2$……$Year_{11}$;$Large_{i,t}$ 是 i 公司 t 年的第一大股东持股比例;$CM_{i,t}$ 是 i 公司 t 年的董事长与总经理两职合一指标,如果合一,取值为1,否则取值为零;$ID_{i,t}$ 是 i 公司 t 年的独立董事比例;$MS_{i,t}$ 是 i 公司 t 年的管理层薪酬的自然对数。除 $Eff_{i,t}$ 以外,其余变量来自于国泰安经济金融数据库。去掉缺失值以后,过度投资子样本共有 78 个数据;投资不足子样本共有 97 个数据。

为清晰起见,笔者将研究的相关变量列表显示,具体如表 3-16 所示。

表 3-16　　　　负债融资对投资效率影响研究相关变量的定义

变量	含义	计算公式
$Eff_{i,t}$	投资效率指标	i 公司 t 期的过度投资水平或投资不足水平的绝对值
$Fcf_{i,t}$	自由现金流量比例	i 公司 t 期[息税前利润 × (1 - 所得税税率) + 折旧和摊销 - 营运资本增加 - 资本支出]/期初总资产
$Roa_{i,t}$	总资产报酬率	i 公司 t 期的净利润/总资产平均余额
$Lev_{i,t}$	负债水平	i 公司 t 期期末总负债/t 期末总资产
$Size_{i,t}$	公司规模	i 公司 t 期期末总资产的自然对数
$Qtys_{i,t}$	其他应收款比例	i 公司 t 期的期末其他应收款/期末总资产
$Large_{i,t}$	第一大股东持股比例	i 公司 t 期的第一大股东持股数量/总股数
$CM_{i,t}$	i 公司 t 年的董事长与总经理两职合一指标	如果合一取值为1,否则取值为零
$ID_{i,t}$	独立董事比例	i 公司 t 期的独立董事人数/董事会总人数
$MS_{i,t}$	高管薪酬	i 公司 t 期的管理层薪酬的自然对数
$Year$	年度虚拟变量	由于样本数据区间是 12 年(2002—2013 年),设置了 11 个年度虚拟变量 $Year_1$、$Year_2$……$Year_{11}$

(三) 描述性统计

表 3-17   过度投资样本描述性统计

变量	均值	中位数	最大值	最小值	标准差	偏度	峰度	数量
$Eff_{i,t}$	0.155339	0.120588	1.128609	0.004387	0.189899	3.480708	17.37319	78
$Lev_{i,t}$	0.449791	0.432653	0.76369	0.132116	0.160996	-0.11935	2.107359	78
$Size_{i,t}$	21.2003	20.87667	24.86261	19.20938	1.078603	1.192313	4.709404	78
$Qtys_{i,t}$	0.033974	0.015127	0.23869	0.000847	0.043979	2.189098	8.439472	78
$Fcf_{i,t}$	0.087146	0.123476	0.475287	-1.10271	0.273237	-2.22125	9.603132	78
$Roa_{i,t}$	0.041857	0.039557	0.147316	-0.11537	0.04361	-0.2062	5.122879	78
$Large_{i,t}$	0.380832	0.387698	0.691772	0.146361	0.148911	0.281386	2.296364	78
$CM_{i,t}$	0.141026	0	1	0	0.350301	2.062787	5.255088	78
$ID_{i,t}$	0.352152	0.333333	0.555556	0.153846	0.067878	0.729519	5.974634	78
$MS_{i,t}$	13.44425	13.42727	15.01742	11.55407	0.757464	0.028681	2.477835	78

表 3-18   投资不足样本描述性统计

变量	均值	中位数	最大值	最小值	标准差	偏度	峰度	数量
$Eff_{i,t}$	0.122781	0.090739	0.555079	0.007195	0.10292	1.719953	6.40856	97
$Lev_{i,t}$	0.365271	0.350948	0.775615	0.079132	0.147085	0.523427	2.85338	97
$Size_{i,t}$	21.07626	20.82523	25.19922	19.46945	0.969224	1.860886	7.715919	97
$Qtys_{i,t}$	0.029139	0.016621	0.164586	0.00103	0.0312	1.701531	6.093982	97
$Fcf_{i,t}$	0.068382	0.074601	0.299175	-0.50819	0.117171	-1.91316	10.61001	97
$Roa_{i,t}$	0.043965	0.041735	0.132178	-0.06748	0.038986	-0.27743	4.093125	97
$Large_{i,t}$	0.418939	0.396167	0.691443	0.165617	0.152937	0.145749	1.950589	97
$CM_{i,t}$	0.216495	0	1	0	0.413995	1.376722	2.895363	97
$ID_{i,t}$	0.334645	0.333333	0.571429	0.153846	0.071198	0.691163	6.601523	97
$MS_{i,t}$	13.52163	13.59486	16.31366	11.59174	0.900925	0.219416	3.232818	97

对比表 3-17 和表 3-18，可见过度投资样本和投资不足样本在一些指标上存在差异。第一大股东持股比例 $Large_{i,t}$，过度投资样本是 38.08%，投资不足样本是 41.89%；两职合一比例 $CM_{i,t}$，过度投资样本是 14.10%，投资不足样本是 21.65%；独立董事比例 $ID_{i,t}$，过度投资样本是 35.22%，投资不足样本是 33.46%；高管薪酬 $MS_{i,t}$，过度投资样本是 13.44%，投资不足样本是 13.52%。总体来看，过度投资样本的第一大股东持股比例较低，两职合一比例较低，独立董事比例较高，而高管薪酬指标两个样本差距不大。

(四) 回归分析

为了节省篇幅,本节略去相关性分析,只提供各个模型的多元回归分析。在过度投资子样本中,公司规模与第一大股东持股比例、高管薪酬的相关系数超过了50%(分别为52.23%,64.25%),因此笔者将进一步作稳健性检验,将公司规模从模型中去掉,以观察自变量的回归系数是否有不同。在投资不足子样本中,公司规模与独立董事比例、高管薪酬的相关系数超过了50%(分别为54.76%,65.04%),因此笔者也将进一步作稳健性检验,将公司规模从模型中去掉,以观察自变量的回归系数是否有不同。

笔者运用统计软件 EVIEWS6.0 进行多元回归,用怀特(White)调整异方差的方法对参数进行估计。表3-19和表3-20分别为两个子样本的模型(1)回归结果。

表3-19 模型(1)回归结果(因变量为投资过度)

自变量	因变量($Eff_{i,t}$)
$Fcf_{i,t}$	-0.261
$Roa_{i,t}$	-1.684**
$Lev_{i,t}$	-0.201
$Size_{i,t}$	0.100*
$Qtys_{i,t}$	-1.795**
$Large_{i,t}$	-0.206
$CM_{i,t}$	0.142**
$ID_{i,t}$	-0.746*
$MS_{i,t}$	-0.031
Year	控制
R^2	0.385
$Adj-R^2$	0.169
F	1.781**

注:*、**、***分别表示在10%、5%和1%的水平上显著(双尾)。

表3-19的回归结果部分符合本书前面的假设。大股东持股比例 $Large_{i,t}$ 的回归系数虽然为负但不显著,在去掉公司规模的稳健性检验中也如此,假设1未能得到证明,说明旅游企业的大股东不能对过度投资行为形成有效的约束。独立董事比例 $ID_{i,t}$ 的回归系数显著为负,但在去掉公司规模的稳健性检验中,回归系数虽然为负但是不显著,说明独立董事在治理旅游公司的过度投资

行为中可能没有起到作用。假设2未能得到证明。两职合一指标 $CM_{i,t}$ 的回归系数显著为正,在去掉公司规模的稳健性检验中也是如此,说明董事长与总经理两职合一确实能增加上市公司的过度投资行为,假设3得到证明。高管薪酬 $MS_{i,t}$ 的回归系数为负但不显著,在去掉公司规模的稳健性检验中也是如此,说明高管薪酬对投资过度无显著影响,假设4得证。

表3-20　　　　　模型(1)回归结果(因变量为投资不足)

自变量	因变量($Eff_{i,t}$)
$Fcf_{i,t}$	-0.127
$Roa_{i,t}$	0.301
$Lev_{i,t}$	-0.236**
$Size_{i,t}$	-0.018
$Qtys_{i,t}$	1.269**
$Large_{i,t}$	0.185**
$CM_{i,t}$	0.009
$ID_{i,t}$	0.293
$MS_{i,t}$	0.026*
Year	控制
R^2	0.375
$Adj-R^2$	0.211
F	2.283***

注:*、**、***分别表示在10%、5%和1%的水平上显著(双尾)。

表3-20的回归结果部分符合本书前面的假设。大股东持股比例 $Large_{i,t}$ 的回归系数显著为正,在去掉公司规模的稳健性检验中也是如此,假设5得到证明,说明旅游企业的大股东为规避风险,导致了投资不足。独立董事比例 $ID_{i,t}$ 的回归系数不显著,在去掉公司规模的稳健性检验中也是如此,说明独立董事确实与投资不足无关,假设6得到证明。两职合一指标 $CM_{i,t}$ 的回归系数不显著,在去掉公司规模的稳健性检验中也是如此,说明两职合一也与投资不足行为无关,假设7得到证明。高管薪酬 $MS_{i,t}$ 的回归系数显著为正,但在去掉公司规模的稳健性检验中虽然为正但不显著,说明高管薪酬对投资不足无显著影响,假设8未能得到证明。

(五)研究结论

上述研究表明,股权结构和董事会特征等公司治理因素确实会对旅游上市公司的投资效率产生影响。旅游上市公司有必要改善公司治理结构，提高投资效率，实现更好的发展。本书也存在一些局限性。张栋等（2008）发现国有上市公司相对于非国有上市公司存在更为明显的过度投资倾向。杨清香等（2010）发现第一大股东持股比例与投资过度显著正相关，并且在国有控股上市公司中更为突出。姜乃平（2012）发现第一大股东是国有股时，过度投资行为更严重。袁玲（2010）发现随着第一大股东持股比例的上升，上市公司的投资现金流敏感度在提高，尤其是国有企业。这些研究说明，区分上市公司控股股东的性质进行研究是有意义的。由于本书的样本公司绝大部分为国有控股的上市公司，囿于数据限制，笔者没有对国有旅游上市公司和民营旅游上市公司进行比较。另外，笔者没有发现独立董事比例和高管薪酬对旅游企业的投资效率产生显著影响，可能原因是研究的深度不够。国内学者发现，独立董事的学历背景、性别、年龄和薪酬会对独立董事的行为产生影响；高管薪酬的内部结构也会影响高管的行为。由于精力限制，笔者没有对这些问题进行深入讨论，留待日后再作进一步研究。

参考文献

[1] 陈共荣、徐巍：《大股东特征与企业投资效率关系的实证研究》，载《会计之友》，2011（1）：99-104。

[2] 陈运森、谢德仁：《网络位置、独立董事治理与投资效率》，载《管理世界》，2011（7）：113-127。

[3] 陈冲：《上市公司高管薪酬结构与企业价值的相关性研究——基于沪深A股上市公司的实证分析》，长沙理工大学硕士学位论文，2010。

[4] 程柯、陈志斌、赵卫斌：《产权性质、独立董事机制与投资效率——来自中国A股非金融类上市公司的经验证据》，载《技术经济》，2012（3）：103-109。

[5] 戴秦、饶艳超、韩晓慧、严广乐：《抑制自由现金流过度投资的董事会治理因素研究——来自沪深两市的经验证据》，载《浙江金融》，2014（2）：57-61。

[6] 邸梦：《我国上市公司股权结构与投资效率关系研究》，山西财经大学硕士学位论文，2013。

[7] 刁婷婷：《股权结构、公司治理与过度投资》，复旦大学硕士学位论文，2011。

[8] 杜明能：《上市公司股权结构与投资效率相关性研究——基于A股的经验证据》，天津财经大学硕士学位论文，2013。

[9] 段阿曼：《国有企业高管薪酬结构与研发投入关系研究》，西安电子科技大学年硕士学位论文，2013。

[10] 韩钢、李随成：《我国上市公司独立董事监督机制有效性研究》，载《财经理论与实践》，2011（5）：71-75。

[11] 黄志忠、冯燕金、郗群：《基于上市公司高管薪酬结构的调查研究》，载《市场研究》，2008（6）：48-51。

[12] 简建辉、余忠福、何平林：《经理人激励与公司过度投资——来自中国A股的经验证据》，载《经济管理》，2011（4）：87-95。

[13] 姜付秀、伊志宏、苏飞、黄磊：《管理者背景特征与企业过度投资行为》，载《管理世界》，2009（1）：130-139。

[14] 姜乃平：《控股股东、自由现金流与过度投资》，载《广西财经学院学报》，2012（2）：86-91。

[15] 蒋明跃：《董事会特征与公司过度投资相关性实证研究》，载《商业时代》，2010（11）：72-73。

[16] 李春玲、张伟丽：《西北上市公司治理结构与投资不足问题研究》，载《中国会计学会高等工科院校分会2009年学术会议（第十六届学术年会）论文集》，1098-1104，2009。

[17] 李柳：《股权结构与企业非效率投资——基于中国制造业上市公司的实证研究》，载《时代金融》，2013（12）：230-231。

[18] 李鑫：《股权结构、自由现金流与企业过度投资——基于中国上市公司的实证研究》，载《新疆社会科学》，2008（1）：28-33。

[19] 李亚楠：《股权结构与财务报告质量对过度投资影响问题的实证研究》，重庆大学硕士学位论文，2010。

[20] 李怡：《我国创业板上市公司董事会特征对非效率投资影响的实证研究——基于自由现金流的分析》，西南财经大学硕士学位论文，2013。

[21] 梁笑倩：《高管薪酬体系对非效率投资行为的作用研究——基于我国制造业上市公司的经验证据》，南京财经大学硕士学位论文，2013。

[22] 刘鑫莹、石大林、刘德海：《股权结构与公司投资效率间的动态关系——基于动态内生性的经验研究》，载《广西财经学院学报》，2014（6）：80-90。

[23] 刘昀：《董事会治理对管理者过度投资行为影响的研究——基于自由现金流角度》，西南交通大学硕士学位论文，2009。

[24] 柳筱瑀：《股权结构、自由现金流与过度投资》，载《长春理工大学学报（社会科学版）》，2013（7）：83-86。

[25] 卢蒋运：《上市公司股权结构对非效率投资行为影响的研究》，暨南大学硕士学位论文，2011。

[26] 吕长江、肖成民：《民营上市公司所有权安排与掏空行为——基于阳光集团的案例研究》，载《管理世界》，2006（10）：128-138。

[27] 马伟：《高管薪酬激励对上市公司非效率投资的影响研究——基于我国制造业上市公司的数据》，西南财经大学硕士学位论文，2013。

[28] 梅丹：《国有上市公司的治理机制与过度投资》，载《上海立信会计学院学报》，2008（4）：47-56。

[29] 孟一琳：《大股东控制与企业过度投资行为研究》，载《财会月刊》，2009（9）：25-27。

[30] 齐静妙：《中国上市公司高管薪酬对非效率投资影响的实证研究》，华南理工大学硕士学位论文，2011。

[31] 冉茂盛、钟海燕、文守逊、邓流生：《大股东控制影响上市公司投资效率的路径研究》，载《中国管理科学》，2010（8）：164-172。

[32] 饶育蕾、王建新：《CEO过度自信、董事会结构与公司业绩的实证研究》，载《管理科学》，2010（10）：2-13。

[33] 饶育蕾、汪玉英：《中国上市公司大股东对投资影响的实证研究》，载《南开管理评论》，2006（4）：51-57。

[34] 沈洪涛：《代理冲突、股权结构和过度投资研究——来自中国上市公司的经验证据》，载《财会通讯》，2012（6）：44-47。

[35] 汪平、孙士霞：《自由现金流量、股权结构与我国上市公司过度投资问题研究》，载《当代财经》，2009（4）：123-129。

[36] 王焜：《高管控制权、非效率投资与高管薪酬关系研究——基于中国垄断行业上市公司》，华东师范大学硕士学位论文，2012。

[37] 王素娟：《基于企业成长的中国上市公司高管薪酬结构研究》，山东大学博士学位论文，2014。

[38] 王婷婷：《董事会特征对制造类上市公司投资行为影响的实证研究》，东北财经大学硕士学位论文，2010。

[39] 韦琳、石华:《制造业股权结构对企业非效率投资的影响研究》,载《江西财经大学学报》,2013 (2):5-16。

[40] 伍青萍、郭桂花:《股权结构、会计稳健性与资本投资效率研究综述》,载《经济研究导刊》,2012 (28):108-112。

[41] 徐军、刘浩、胡元林:《独立董事比例、股权性质与过度投资——基于我国上市公司数据的实证研究》,载《中国商贸》,2012 (11):225-226。

[42] 徐一民、张志宏:《上市公司股权结构、股权激励与投资效率相关性研究》,载《会计论坛》,2012 (1):30-40。

[43] 杨岚岚:《股权结构与上市公司过度投资的实证研究》,西南财经大学硕士学位论文,2011。

[44] 杨清香、俞麟、胡向丽:《不同产权性质下股权结构对投资行为的影响——来自中国上市公司的经验证据》,载《中国软科学》,2010 (7):142-150。

[45] 尹梦鸽:《董事会治理、信息披露与过度投资行为研究》,重庆工商大学硕士学位论文,2013。

[46] 袁春生、杨淑娥:《经理管理防御与企业非效率投资》,载《经济问题》,2006 (6):40-42。

[47] 袁玲:《第一大股东股权结构、现金流与公司投资》,载《财会通讯》,2010 (1):67-69,85。

[48] 詹旳竑:《上市公司股权结构对投资效率影响的研究》,东华大学硕士学位论文,2014。

[49] 张栋、杨淑娥、杨红:《第一大股东股权、治理机制与公司过度投资:基于中国上市公司 Panel Data 的研究》,载《当代经济科学》,2008 (7):62-72,126。

[50] 张丽娜:《我国国有上市公司高管薪酬结构对薪酬粘性有效性的影响研究》,北京交通大学硕士学位论文,2014。

[51] 张洪辉、王宗军:《经理私人成本与我国企业创新投资不足模型研究》,载《软科学》,2009 (10):83-86。

[52] 张亢:《管理者过度自信对企业非效率投资行为影响的实证研究》,山东财经大学硕士学位论文,2013。

[53] 张璐芳、朱国泓:《国企高管薪酬与公司过度投资:理论模型及其

经济后果》，载《上海经济研究》，2014（1）：63-69。

[54] 张翼、李辰：《股权结构、现金流与资本投资》，载《经济学（季刊）》，2005（10）：231-246。

[55] 赵惠芳、贾德红、潘立生：《经理管理防御与企业非效率投资相关性研究——来自安徽省上市公司的实证研究》，载《财会通讯》，2010（11）：75-78。

[56] 赵姗姗：《高管薪酬对非效率投资行为影响的实证研究》，山东财经大学硕士学位论文，2014。

[57] 赵息、李粮：《国有企业高管薪酬结构对费用粘性的影响研究》，载《中南财经政法大学学报》，2012（4）：114-120。

[58] 周伟贤：《投资过度还是投资不足——基于A股上市公司的经验证据》，载《中国工业经济》，2010（9）：151-160。

[59] 周笑竺：《我国上市公司高管薪酬结构的有效性研究》，东北师范大学硕士学位论文，2010。

[60] 朱磊、唐蓓：《董事会治理、CEO过度自信与企业过度投资行为——基于2007-2009面板数据的实证分析》，中国会计学会2011学术年会论文集，2011。

[61] Aggarwal, R., Samwick A., "Empire-Builders and Shirkers: Investment, Firm Performance, and Managerial Incentives", *Journal of Corporate Finance*, 2006, 12 (3): 489-515.

[62] Albuquerue R., Neng Wang, "Agency Conflicts, Investment, and Asset Pricing", *The Journal of Finance*, 2008, 63 (1): 1-40.

[63] Bae K. H., Kang J. K, Kim J. M., "Tunneling or Value Added? Evidence from Mergers by Korean Business Groups", *The Journal of Finance*, 2002, 57 (6): 2695-2740.

[64] Bhagat S., Bolton B., "Corporate Governance and Firm Performance", *Journal of Corporate Finance*, 2008, 14 (3): 257-273.

[65] Bruce D. G., Hui Li, "Investor Sentiment, Executive Compensation, and Corporate Investment", *Journal of Banking & Finance*, 2010, 34: 2439-2449.

[66] Chung K. H., Wright P., Kedia B., "Corporate Governance and Market Valuation of Capital and R & D Investments", *Review of Financial Economics*,

2003, 12 (2): 161 - 172.

[67] Eisdorfer A., Giaccotto C., White R., "Capital Structure, Executive Compensation, and Investment Efficiency", *Journal of Banking & Finance*, 2013, 37: 549 - 562.

[68] Enya H., Sommer D. W., " Separation of Ownership and Control: Implications for Board Composition ", *Journal of Risk and Insurance*, 2010, 77 (2): 265 - 295.

[69] Fama E. F., " Agency Problems and the Theory of the Firm ", *The Journal of Political Economy*, 1980, 88 (2): 288 - 307.

[70] Fama E. F., Jensen M. C., " Separation of Ownership and Control ", *Journal of Law and Economics*, 1983, 26 (2): 301 - 325.

[71] Gugler K. B., Yurtoglu B., " Corporate governance and Dividend Payout Policy inGermany ", *European Economic Review*, 2003, 47: 731 - 758.

[72] Guillet B. D., Seo K., Kucukusta D., Lee S., " CEO Duality and Firm Performance in the U. S. Restaurant Industry: Moderating Role of Restaurant Type ", *International Journal of Hospitality Management*, 2013, 33: 339 - 346.

[73] Hirshleifer D., Thakor A. V., " Managerial Conservatism, Project Choice, and Debt", *The Review of Financial Studies*, 1992, 5 (3): 437 - 470.

[74] Holmstrom B., Ricart - I - Costa J., "Managerial Incentives and Capital Management ", *Quarterly Journal of Economics*, 1986, 101: 835 - 860.

[75] Huddart S., "The Effect of a Large Shareholder on Corporate Value ", *Management Science*, 1993, 39: 1407 - 1421.

[76] Johnson, Simon, RafaelLa Porta, Florencio Lopez - de - Silanes, and Andrei Shleifer, "Tunnelling ", *American Economic Review*, 2000, 90 (2): 22 - 27.

[77] K - H Kim, H. A. Al - Shammari, B. Kim, S - H Lee., "CEO Duality Leadership and Corporate Diversification Behavior ", *Journal of Business Research*, 2009, 62 (11): 1173 - 1180.

[78] Le S. A., Walters B., Kroll, M., "The Moderating Effects of External Monitors on the Relationship between R & D Spending and Firm Performance ", *Journal of Business Research*, 2006, 59 (2): 278 - 287.

[79] Malmendier U., Tate, G., " Does Overconfidence Affect Corporate

Investment? CEO Overconfidence Measures Revisited ", *European Financial Management*, 2005, 11 (5): 649 – 659.

[80] Myers, S. C., Majluf N. S., "Corporate Financing and Investment Decisions When Firms Have InformationThat Investors Do Not Have ", *Journal of Financial Economics*, 1984, (13): 187 – 221.

[81] Richardson S. A, "Over – investment of Free Cash Flow ", *Review of Accounting Studies*, 2006, (11): 159 – 189.

[82] Shleifer A, R. Vishny, "Large Shareholders and Corporate Control ", *Journal of Political Economy*, 1986, (95): 461 – 488.

[83] Tsao S – M, Che – Hung Lin, Vincent Y. S. Chen, "Family Ownership as a Moderator between R & D Investments and CEO Compensation ", *Journal of Business Research*, forthcoming 2014.

[84] Yang T., Zhao S., " CEO Duality and Firm Performance: Evidence from an Exogenous Shock to the Competitive Environment ", *Journal of Banking & Finance*, forthcoming 2014.

[85] Zhang Guochang, " Ownership Concentration, Risk Aversion and the Effect of Financial Structure on Investment Decisions ", *European Economic Review*, 1998 (42): 1751 – 1778.

3.4 旅游上市公司投资效率影响因素之三：会计稳健性

随着国家政策的利好以及人民生活水平的提高，我国的旅游行业步入蓬勃发展的黄金时期，然而一些问题也随之而来，投资不足现象和投资过度现象时有发生。会计是企业的语言。会计稳健性是我国《企业会计准则》规定的一项修正性的会计核算原则，其含义是在会计确认、计量、记录、报告等过程中，相关人员应该保持职业所要求的基本谨慎，不得高估资产和收入，低估负债和费用。Basu（1997）指出，稳健性原则在会计实践中的运用已超过500年了。Sterling（1970）认为稳健性是会计计量方面最有影响的原则。已有研究表明，会计稳健性与企业的投资效率存在密切的关系。那么在旅游这一新兴行业中，会计稳健性又起到了什么样的作用呢？本节借鉴前人的研究方法，验证旅游业上市公司的会计稳健性与投资效率是否存在关系，并提出相应的政策性建议。

3.4.1 文献综述

（一）国外文献综述

Jensen 和 Meckling（1976）指出，由于代理问题的存在，公司可能投资一些能够扩大企业规模但净现值却为负的项目，出现一定程度的投资过度；Myers（1984）又认为，公司在向外部进行融资时，也可能因信息的非对称而导致融资成本提高，被迫放弃正净现值的投资项目，出现一定程度的投资不足。Watts（2003）分析和总结了会计稳健性存在的原因，指出会计稳健性作为一项公司治理机制，能够有效提高信息披露程度，降低管理者和投资人之间的信息不对称，减少管理层盲目投资的可能。Ball 和 Shivakumar（2005）认为会计稳健性使得管理层不能将投资方面的损失转嫁给下一届，因此对管理层的投资行为有所限制，提高投资效率。Biddle 和 Hilary（2006）对 34 个国家的数据的研究表明，财务报表的信息越及时和稳健，公司管理层与外部投资者获取的信息量以及彼此的信任度就越高，对于公司而言就意味着更低的融资成本，从而有助于提高投资效率。他们还发现会计信息质量提升投资效率的作用在美国这样主要通过公开市场融资的国家更为明显。Pinnuck 和 Lillis（2007）认为，稳健的会计政策可以作为解决代理失效的反应器，通过连锁反应减少非效率的投资行为。Ahmed 和 Duellman（2007）认为，公司的会计稳健性能够有效降低管理层采纳负净现值投资机会的可能性。Lafond 和 Watts（2008）通过分析发现，会计稳健性可以减少管理层和投资者之间信息非对称，从而增加管理者操纵会计信息的难度。Lafond 和 Roychowdhury（2008）指出，稳健会计政策可以通过影响财务报告的相关性和可靠性来解决股东与管理层之间的代理问题，有利于限制管理层的过度投资行为。Garcia 等（2009）通过考察美国 1975—2006 年上市公司的数据，发现会计稳健性与过度投资和投资不足都显著负相关，并且与未来的盈利水平正相关。Bushman 和 Piotroski（2011）采用 25 个国家的数据，检验了稳健的财务报告体制对投资效率决策的影响，发现稳健的会计政策可以提高管理层的投资决策对不利投资环境的反应程度，从而提高资本投资效率。同时他们也发现会计稳健性与管理层对更好的投资环境的投资决策反应程度无关。Kravet（2014）发现，在更为稳健的会计环境下，管理层会进行风险更小的并购投资，目的是避免触发基于稳健会计的债务赔偿协议而使公司蒙受大的损失。他指出：债权人偏好稳健会计的原因之一就是为了避免债务人向自身转移风险。

（二）国内文献综述

一些文献指出，会计稳健性可以抑制企业的过度投资或缓和投资不足。王宇峰和苏逶妍（2008）选取1999—2006年度A股上市公司作为研究样本，发现会计稳健性越好的企业，在投资机会变差时，会更及时地削减投资，提高投资效率。李青原（2009）选取A股上市公司2004—2006年3600个公司年度样本，发现会计信息质量与投资过度和投资不足都显著负相关。孙刚（2010）检验了2001—2006年我国上市公司会计稳健性与投资效率之间的关系，发现会计稳健性对于过度投资和投资不足均有显著的抑制作用。刘斌和吴娅玲（2011）选取2001—2008年A股上市公司为样本，发现会计稳健性有助于缓解公司的过度投资和投资不足的行为。张菊朋（2011）采用2001—2006年A股上市公司的数据，发现会计稳健性能够缓解自由现金流量带来的过度投资问题，可以促使企业以现金股利的形式吐出自由现金流。张楠（2013）考察了2004—2011年A股上市公司的数据，发现计提资产减值准备能够抑制上市公司的过度投资行为。张国源（2013）考察了2007—2010年我国的A股上市公司，在控制了盈余管理因素后，发现会计稳健性制约了过度投资。

另外一些文献发现，会计稳健性在治理企业过度投资的同时却加剧了企业的投资不足。刘红霞和索玲玲（2011）对2007—2009年沪深两市的A股上市公司进行研究，发现会计稳健性能遏制过度投资，改善投资效率，但同时也加剧了企业的投资不足。龚蜜（2011）考察了A股2006—2009年上市公司的样本，发现会计稳健性在制约投资过度的同时加剧了民营企业的投资不足。杨丹等（2011）考察了2001—2006年A股上市公司的数据，发现计提资产减值准备能够制约过度投资，但同时也加剧了投资不足。王会兰（2012）考察了我国A股上市公司2007—2010年的数据，发现会计稳健性在抑制过度投资的同时加剧了投资不足。唐梁子夜（2012）考察了2006—2011年的上市公司数据，也发现会计稳健性既能够抑制过度投资，又加剧了投资不足。张义文（2013）考察了2009—2011年的A股上市公司的数据，也得出同样的结论。他还指出国有产权性质能够减弱对过度投资的抑制作用，但也能缓解对投资不足的负面作用。韩静等（2013）考察了2008—2011年的A股上市公司的数据，得出相同的结论。他们还发现国有企业管理者团队的平均年龄、性别、任期及其异质性、教育背景、专业背景异质性显著影响着会计稳健性和非效率投资之间的关系。

个别文献认为,会计稳健性不但无助于抑制企业的过度投资,而且还加剧了投资不足。朱松和夏东林(2010)对2002—2006年沪深两市4 048家上市公司进行了研究,发现稳健的会计政策对过度投资的抑制作用不明显,反而在一定程度上导致企业投资不足。

(三)文献简评

国外文献倾向于认为会计稳健性有助于增加信息透明度,降低融资成本,改善投资不足和抑制过度投资。国内文献得出的结论不太一致:有的得出会计稳健性能抑制过度投资和缓解投资不足;有的却发现会计稳健性虽然能够抑制过度投资,但会加剧企业投资不足的程度;还有个别的发现会计稳健性不能抑制过度投资。行业特性一直是企业财务行为研究中的一个重要外部因素,会计核算原则可能对不同行业的影响也不一样。目前还没有专门研究旅游行业相关问题的文献。笔者认为,有必要对目前进入发展黄金期的旅游行业的这一问题展开研究,以改进旅游企业的会计核算方法,提高投资效率。

3.4.2 实证检验

(一)理论假设

大部分国内文献的研究结果表明,会计稳健性原则有助于抑制企业的过度投资。例如,稳健性原则要求企业的待执行合同变为亏损合同时,确认预计负债;要求企业对固定资产、存货、在建工程、无形资产等几乎所有资产计提资产减值准备;要求企业将所有的人工成本都计入应付职工薪酬;对于没有十足把握的收入则不能入账;等等。这些要求使得上市旅游企业财务数据更为真实可靠,避免企业对未来估计过高和进行盲目投资。但与此同时,稳健性原则下的会计信息具有一定的噪声,相关性方面有所降低,也会对投资决策产生负面影响。例如,稳健性准则规定不符合资产确认条件的项目,不应当列入资产负债表;只有当企业的资产存在活跃市场、公允价值能够可靠计量的情况下,才能采用公允价值计量;企业自用的房地产或存货转换为采用公允价值模式计量的投资性房地产时只确认损失,不确认收益;等等。刘红霞和索玲玲(2011)、杨丹等(2011)、王会兰(2012)、唐梁子夜(2012)、张义文(2013)、韩静等(2013)均得出会计稳健性在治理过度投资的同时也加剧了企业的投资不足的结论。笔者认为,旅游企业可供抵押的资产不足,融资渠道少。稳健会计更加系统性地低估了旅游企业的资产水平和盈利能力,进一步降低了旅游企业的融资能力，加剧了旅游企业的投资不足。因此，笔者认为，稳健会计对旅游企业的投资效率影响也存在两面性，既可能减少旅游业的投资过度，又可能加剧旅游业的投资不足。

因此本书提出以下研究假设：

H1：其他条件一定的情况下，稳健会计加剧了旅游业上市公司的投资不足。

H2：其他条件一定的情况下，稳健会计抑制了旅游业上市公司的投资过度。

(二) 模型构建与变量设定

1. 会计稳健性变量的定义和计算

Basu (1997) 构建的会计稳健性计量模型得到了广泛的接受。其模型如下：

$$\frac{X_{i,t}}{P_{i,t-1}} = \alpha_{0,t} + \beta_{1,i,t}DR_{i,t} + \beta_{2,i,t}R_{i,t} + \beta_{3,i,t}R_{i,t} \times DR_{i,t} + \xi_{i,t}$$

式中，$X_{i,t}$ 表示 i 公司 t 年度的每股收益；$P_{i,t-1}$ 表示 i 公司在 $(t-1)$ 年末的股票收盘价；$R_{i,t}$ 表示 i 公司 t 年 5 月到 $(t+1)$ 年 4 月经市场调整过的股票累积年度超额报酬率；$DR_{i,t}$ 是虚拟变量，如果 $R_{i,t}$ 小于零，则取值为 1，否则取值为零。

Basu (1997) 模型的回归系数 $\beta_{2,i,t}$ 度量股票年度盈余确认"好信息"的及时性，$\beta_{3,i,t}$ 度量股票年度盈余确认"坏信息"比确认"好信息"及时性的增量。由于会计稳健性意味着盈余对"坏信息"的反应比对"好信息"的反应更为及时充分，通过检验 $\beta_{3,i,t}$ 是否显著大于零，就可以判断该公司的会计处理是否稳健。

Khan 和 Watts (2009) 在 Basu (1997) 模型的基础上，选择公司规模 ($Size$)、权益市值与账面价值比 (M/B) 和负债率 (Lev) 作为估计会计稳健性指数的工具变量，用 G_Score 表示 $\beta_{2,i,t}$；用 C_Score 表示 $\beta_{3,i,t}$。

$$G\_Score = \beta_{2,i,t} = \mu_{1,t} + \mu_{2,t}Size_{i,t} + \mu_{3,t}M/B_{i,t} + \mu_{4,t}Lev_{i,t} \quad \text{方程 (1)}$$

$$C\_Score = \beta_{3,i,t} = \lambda_{1,t} + \lambda_{2,t}Size_{i,t} + \lambda_{3,t}M/B_{i,t} + \lambda_{4,t}Lev_{i,t} \quad \text{方程 (2)}$$

式中，$Size_{i,t}$ 表示 i 公司 t 期末总资产的自然对数；$M/B_{i,t}$ 表示 i 公司 t 期末权益市值与账面价值比；$Lev_{i,t}$ 表示 i 公司 t 期末总资产与总负债之比。

将方程 (1) 和方程 (2) 代入 Basu (1997) 模型，得到会计稳健性指数模型，即模型 (1)

第三章　旅游企业投资效率及其影响因素研究

$$\frac{X_{i,t}}{P_{i,t-1}} = \alpha_{0,t} + \beta_{1,t} DR_{i,t} + (\mu_{1,t} + \mu_{2,t} Size_{i,t} + \mu_{3,t} M/B_{i,t} + \mu_4 Lev_{i,t}) R_{i,t}$$
$$+ (\lambda_{1,t} + \lambda_{2,t} Size_{i,t} + \lambda_{3,t} M/B_{i,t} + \lambda_4 Lev_{i,t}) R_{i,t} \times DR_{i,t} + \xi_{i,t}$$

模型（1）

本书以模型（1）为基础，对样本数据进行回归分析，回归出估计系数 μ_1、μ_2、μ_3、μ_4 和 λ_1、λ_2、λ_3、λ_4，然后把 λ_1、λ_2、λ_3、λ_4 代入方程（2），计算出会计稳健性指标 C_Score。与本书第3.1节相同，由于在变量计算中需要用到 $(t-1)$ 年和 $(t+1)$ 年的数据，本书的样本区间是12年（2001—2012年）共185个样本。

2. 模型构建

本书借鉴 Biddle（2009）模型以及王宇峰、朱松等人的模型，用会计稳健性与投资支出关系模型，即模型（2），来分析会计稳健性是否影响企业的投资效率。

模型（2）表示如下：

$$Invest_{i,t+1} = \delta_0 + \delta_1 C\_Score_{i,t} + \delta_2 C\_Score_{i,t} \times OverInv_{i,t+1}$$
$$+ \delta_3 OverInv_{i,t+1} + \delta_4 R_{i,t} + \delta_5 Growth_{i,t} + \delta_6 Cash_{i,t} + \delta_7 Lev_{i,t}$$
$$+ \delta_8 Age_{i,t} + \delta_9 Size_{i,t} + \sum Year + \xi_{i,t+1}$$

模型（2）

式中，$C\_Score_{i,t}$ 为采用模型（1）回归出的 λ_1、λ_2、λ_3、λ_4 代入方程（2）计算得出；$OverInv_{i,t+1}$ 为投资效率虚拟变量，投资过度时取值为1，投资不足时取值为零；$R_{i,t}$ 表示 i 公司 t 年5月到 $(t+1)$ 年4月经市场调整过的股票累积年度超额报酬率；$Growth_{i,t}$ 表示 i 公司 t 年的营业收入增长率；$Cash_{i,t}$ 表示 i 公司 t 期末的货币资金持有水平；$Lev_{i,t}$ 表示 i 公司 t 期末总资产与总负债之比；$Age_{i,t}$ 表示 i 公司首次公开募股年度到 $(t-1)$ 年为止的上市年限；$Size_{i,t}$ 表示 i 公司 t 期末总资产的自然对数。各变量的计算方法具体如表3-21所示。若模型（2）的回归系数 δ_1 大于零，表明稳健会计能够缓解旅游企业的投资不足；若 δ_1 小于零，表明稳健会计加剧了旅游企业的投资不足。若 $\delta_1 + \delta_2 < 0$，表明稳健会计能够抑制企业投资过度；若 $\delta_1 + \delta_2 > 0$，表明稳健会计无法治理投资过度。

表3-21　　　　模型（1）和模型（2）相关变量的定义

变量	含义	计算公式
$\dfrac{X_{i,t}}{P_{i,t-1}}$	股票年度盈余	i 公司 t 年度的每股收益/i 公司在 $(t-1)$ 年末的股票收盘价

续表

变量	含义	计算公式
$R_{i,t}$	股票累积年度超额报酬率	$R_{i,t} = \left[\prod_{t=5}^{4}(1+RET_{i,t})-1\right] - \left[\prod_{t=5}^{4}(1+MRET_t)-1\right]$ i 公司 t 年 5 月到 $(t+1)$ 年 4 月经市场调整过的股票累积年度超额报酬率；RET 和 $MRET$ 分别表示 i 公司考虑现金红利再投资的月个股回报率和按总市值加权计算的考虑现金红利再投资的月市场回报率；DR 为虚拟变量，当 $R \leqslant 0$ 时，取值为 1，否则为零。
$DR_{i,t}$	虚拟变量	如果 $R_{i,t}$ 小于零，则取值为 1，否则取值为零
$Size_{i,t}$	公司规模	i 公司 t 期末总资产的自然对数
$M/B_{i,t}$	市值—账面值比	i 公司 t 年市场价值/总资产账面价值
$Lev_{i,t}$	负债水平	i 公司 t 期末总负债/t 期末总资产
$Invest_{i,t+1}$	$(T+1)$ 期的投资支出	(i 公司 $t+1$ 期存货、应收款项、固定资产、长期投资、无形资产等资产的期初期末余额的变动值再加上当期提取的固定资产折旧、无形资产摊销）/t 期期末总资产
$C\_Score_{i,t}$	会计稳健性指标	通过模型（1）的回归计算得到
$OverInv_{i,t+1}$	投资效率指标	投资过度时取值为 1，投资不足时取值为零
$Growth_{i,t}$	公司增长速度	i 公司（t 期 - $(t-1)$ 期）营业收入/$(t-1)$ 期营业收入
$Cash_{i,t}$	货币资金比率	i 公司 t 期末货币资金持有量/t 期末总资产
$Age_{i,t}$	公司上市年限	i 公司首次公开募股年度到 $(t-1)$ 年为止年数的自然对数
$Year$	年度虚拟变量	由于样本数据区间 T 是 12 年（2001—2012 年），本书设置了 11 个年度虚拟变量 $Year_1$、$Year_2$、……$Year_{11}$

模型（1）回归结果

表 3-22　　　　模型（1）回归结果（因变量为股票年度盈余）

自变量	因变量 $\left(\dfrac{X_{i,t}}{P_{i,t-1}}\right)$
$DR_{i,t}$	-0.007
$R_{i,t}$	-0.921***
$R_{i,t} \times M/B_{i,t}$	-0.002
$R_{i,t} \times Size_{i,t}$	0.044***
$R_{i,t} \times Lev_{i,t}$	0.029
$R_{i,t} \times DR_{i,t}$	1.494466***

续表

自变量	因变量 $\left(\dfrac{X_{i,t}}{P_{i,t-1}}\right)$
$R_{i,t} \times DR_{i,t} \times M/B_{i,t}$	-0.022128
$R_{i,t} \times DR_{i,t} \times Size_{i,t}$	-0.073260***
$R_{i,t} \times DR_{i,t} \times Lev_{i,t}$	0.150212
R^2	0.314
$Adj-R^2$	0.278
F	8.889***

注：*、**、***分别表示在10%、5%和1%的水平上显著（双尾）。

回归系数一般保留到小数点后三位，此处为了更准确地显示 λ_1、λ_2、λ_3、λ_4，提供这四个回归系数未经过四舍五入的原始数据。

（三）描述性统计

笔者根据模型（1）的回归结果，得到 λ_1（1.494466）、λ_2（-0.073260）、λ_3（-0.022128）、λ_4（0.150212），代入方程（2），计算出各公司各年的会计稳健性指标 $C\_Score_{i,t}$。投资效率指标 $OverInv_{i,t+1}$ 根据本书第3.1节的投资效率指标计算结果整理得出，即对于 Richardson（2006）的投资预期模型回归残差大于零的样本数据，取值为1，表示存在过度投资；对于残差小于零的样本数据，取值为零，表示存在投资不足。185个样本数据的会计稳健性指标 $C\_Score_{i,t}$ 和投资效率指标 $OverInv_{i,t+1}$ 的描述性统计如表3-22所示。其他指标的描述性统计值已在前面章节的表格内提供了，此处不再赘述。

表3-23　　　　$C\_Score_{i,t}$ 和 $OverInv_{i,t+1}$ 的描述性统计

变量	均值	中位数	标准差	最大值	最小值	偏度	峰度
$C\_Score_{i,t}$	-0.0209	-0.0085	0.0717	0.1482	-0.2516	-0.6933	3.9340
$OverInv_{i,t+1}$	0.4432	0.0000	0.4981	1.0000	0.0000	0.2285	1.0522

$C\_Score_{i,t}$ 的偏度小于零，表示负偏差数值较大导致均值偏小，因此中位数更能代表数据的集中度。$C\_Score_{i,t}$ 的中位数（-0.0085）小于零，说明旅游企业的财务会计总体上不够稳健。$OverInv_{i,t+1}$ 的偏度大于零，表示正偏差数值较大导致均值偏大，中位数更能代表数据的集中度。由于 $OverInv_{i,t+1}$ 的中位数等于零，说明旅游企业总体上为投资不足。此外，$C\_Score_{i,t}$ 和 $OverInv_{i,t+1}$ 的峰度均大于零，表示数据的分布比标准正态分布更为陡峭，为尖峰分布。

(四) 相关性分析

表 3-24 列出了模型 (2) 中关键自变量与因变量的皮尔逊相关性分析结果。

表 3-24　会计稳健性与投资效率模型关键变量相关性分析

变量	$Invest_{i,t+1}$	$C\_Score_{i,t}$	$C\_Score \times OverInv$
$Invest_{i,t+1}$	—	—	—
$C\_Score_{i,t}$	-0.203 ***	—	—
$OverInv_{i,t+1}$	0.594 ***	0.026	—
$C\_Score \times OverInv$	-0.358 ***	0.641 ***	—

注：*、**、***分别表示在10%、5%和1%的水平上显著（双尾）。

由表 3-24 可见，旅游企业 T+1 年的投资规模 $Invest_{i,t+1}$ 与会计稳健性系数 $C\_Score_{i,t}$ 的相关系数为 -0.203，而且在 1% 的水平上显著；与过度投资虚拟变量 $OverInv_{i,t+1}$ 的相关系数为 0.594，且在 1% 的水平上显著；与乘积项的相关系数为 -0.358，且在 1% 的水平上显著。相关性分析初步说明旅游企业的会计稳健性加剧了投资不足，抑制了投资过度。然而，相关性分析没有控制其他变量对因变量的影响，因此还需要进一步进行多元回归检验。

(五) 回归分析

笔者运用统计软件 EVIEWS6.0 进行多元回归，用怀特 (White) 调整异方差的方法对参数进行估计。表 3-25 列出了模型 (2) 的回归分析结果。回归方程的 F 值为 11.384，模型显著性为 1%，调整后 R 平方为 53.10%，说明拟合程度较好，线性关系成立。

表 3-25　模型 (2) 回归结果

自变量	因变量（$Invest_{i,t+1}$）
$C\_Score_{i,t}$	-3.040 ***
$C\_Score \times OverInv$	-0.653 *
$OverInv_{i,t+1}$	0.268 ***
$R_{i,t}$	0.019
$Growth_{i,t}$	0.032
$Cash_{i,t}$	0.259
$Lev_{i,t}$	0.305 *
$Age_{i,t}$	-0.019

续表

自变量	因变量（$Invest_{i,t+1}$）
$Size_{i,t}$	-0.167**
Year	控制变量
R^2	0.581
$Adj-R^2$	0.530
F	11.384***

注：*、**、***分别表示在10%、5%和1%的水平上显著（双尾）。

由表3-25可知，$C\_Socre_{i,t}$的回归系数为-3.040，且在1%的水平上显著，说明旅游业的会计稳健加剧了投资的不足，假设1得证。$C\_Socre \times OverInv$的回归系数为-0.653，且在10%的水平上显著。两个显著的回归系数之和为-3.693，说明会计稳健性起到了抑制过度投资的作用，假设2得证。此外，负债率（$Lev_{i,t}$）与投资规模显著正相关，说明适度负债有利于提高旅游企业的投资规模。公司规模（$Size_{i,t}$）与投资规模显著负相关，说明规模越大的旅游企业投资规模越小，这种现象比较反常，应该引起注意。

陆瑶等（2011）将Richardson（2006）模型的回归残差大于0.5个标准差的视为投资过度，小于0.5个标准差的视为投资不足。本书按照残差大于还是小于0.5个标准差，重新整理样本，得到87个样本数据，再次进行了回归检验，回归结果如表3-26所示。

表3-26　　　　　模型（2）第二次回归结果

自变量	因变量（$Invest_{i,t+1}$）
$C\_Score_{i,t}$	-0.891**
$C\_Score \times OverInv$	-0.221
$OverInv_{i,t+1}$	0.490***
$R_{i,t}$	0.013
$Growth_{i,t}$	0.033
$Cash_{i,t}$	0.601**
$Lev_{i,t}$	-0.073
$Age_{i,t}$	-0.003
$Size_{i,t}$	-0.032
Year	控制变量
R^2	0.736
$Adj-R^2$	0.656
F	9.186***

注：*、**、***分别表示在10%、5%和1%的水平上显著（双尾）。

表 3-26 列出了模型（2）的第二次回归分析结果。回归方程的 F 值为 9.186，模型显著性为 1%，调整后 R 平方为 65.56%，说明拟合程度较好，线性关系成立。

由表 3-26 可知，$C\_Score_{i,t}$ 的回归系数为 -0.891，且在 5% 的水平上显著，说明旅游业的会计稳健加剧了投资的不足，假设 1 得证。$C\_Score \times OverInv$ 的回归系数为 -0.221，但不显著。虽然两个回归系数之和为 -1.112，但是由于 $C\_Score \times OverInv$ 的回归系数不显著，无法证明会计稳健性起到了抑制过度投资的作用，假设 2 未得证。此外，货币资金持有量（Cash）与投资规模显著正相关，说明旅游企业的投资规模受到现金持有水平的影响，获取更多的货币资金有助于扩大企业的投资规模。

综合模型（2）的两次回归结果，笔者只能确认旅游业的会计稳健加剧了投资的不足，而无法得出旅游业的会计稳健性抑制了过度投资的结论。

（六）研究结论

本书以 2001—2012 年[①] A 股上市旅游公司的数据为样本，运用会计稳健性指数模型和会计稳健性与投资支出关系模型，检验会计稳健性与旅游企业投资效率之间的关系。与刘红霞和索玲玲（2011）、龚蜜（2011）、杨丹等（2011）、王会兰（2012）、唐梁子夜（2012）、张义文（2013）、韩静等（2013）的研究结果相似，本书发现会计稳健核算加剧了旅游企业的投资不足，但本书没能确定稳健会计能够抑制旅游企业的过度投资。本书的研究结果与朱松和夏东林（2010）的研究结果比较吻合。由于朱松和夏东林（2010）的研究样本是 2002—2006 年的 A 股上市公司的数据，而刘红霞等文献研究的样本区间均为 2006 年以后的数据，本书的样本区间为 2001—2012 年，所以本书的研究结论无法简单地与同时期的 A 股上市公司整体情况相比较。

本书的研究结论表明，对于旅游行业而言，会计稳健性未能抑制过度投资，反而加剧了企业的投资不足。说明旅游企业的会计处理存在一定的问题。一方面，囿于目前稳健会计的一些规定，旅游企业账面确认的资产较少，向银行等金融机构进行融资比较困难，引发了投资不足的问题。何萍（2013）指出，我国现行会计准则中规定的无形资产仅包括专利权、商标权、土地使用权等六项，人力资源、关系网络等都没有纳入会计确认的范围，而旅游企业的核心竞争力恰恰就是人力资源、关系网络等无形的资源。笔者认为，这些资产同

---

① 由于计算过程中要用到 $t-1$ 年和 $t+1$ 年的数据，原始数据的区间为 2000—2013 年。

样可以为企业带来收益，应适当地加以确认和披露，并允许对旅游企业的无形资产采用公允价值度量，体现旅游企业的真实价值，提高企业的融资和投资能力。另一方面，旅游企业的财务管理也存在一些乱象和需要改进的地方，不利于抑制过度投资或改善投资不足。如2013年财政部检查出某旅游上市公司2012年的会计信息存在多项问题，包括固定资产未及时入账、资产的折旧和摊销核算不准确、门票分成收入的确认方式存在问题、跨期确认成本和收入、少计提所得税费用等，造成当期的净利润少计800多万元。谢达理、万新焕（2011）指出，目前很多旅游企业财务管理观念淡薄，没有建立一套完整的财务管理体系，先进的财务管理技术和方法得不到应用；企业缺乏同时精通旅游和会计的专业人才；现行的旅游会计教材也少有将旅游行业特色与会计学原理较好结合起来的佳作。朱旭芳（2013）指出，目前景区财务管理存在的主要问题包括财务人员的配备不完整、缺乏职责分工、旅游设施建设完工后没有及时从在建工程转入固定资产等。潘卫东（2014）指出，旅游企业往往涉及多种业务，会计核算难度较大；而旅游企业往往规模不大，配备的财务人员也比较少，财务人员面临同时处理多个行业的会计核算问题的困难。笔者认为，旅游企业自身财务管理方面存在的这些问题，可能使银行及其他外部投资者心存疑虑，阻碍了旅游企业的对外融资，加剧了投资不足。而一些旅游企业的固定资产不及时入账又使得企业对投资绩效的考核不健全，可能引发过度投资。国内外文献的研究均表明，高质量的财务信息质量有助于降低融资成本，提高投资效率。因此，旅游企业未来亟需培养高素质的财会人才，提高会计处理和财务管理水平。

孙刚（2010）发现与民营企业相比，国有企业会计稳健性在抑制过度投资方面作用更弱，但对投资不足的缓解作用更强。饶茜（2012）发现企业的政治关联削弱了高会计信息质量对非效率投资的改善作用。徐全华（2011）发现在国有控股公司，会计稳健性能够抑制过度投资及投资不足，而在非国有控股公司，会计稳健性主要是发挥了抑制过度投资的作用。韩静等（2013）发现国有企业管理者团队的平均年龄、性别、任期及其异质性、教育背景、专业背景异质性显著影响着会计稳健性和非效率投资之间的关系。囿于数据和精力，本书未能结合控股股东性质、政治关联程度和管理者团队特征等因素对旅游企业的会计稳健性与投资效率之间的关系进行深入一步的研究，这也是笔者未来研究的方向。

参考文献

[1] 龚蜜：《会计稳健性与企业非效率投资实证研究》，暨南大学硕士学位论文，2011。

[2] 韩静、杨晓星、吴苋：《管理者背景特征、会计稳健性与投资效率研究》，载《中国会计学会2013年学术年会论文集》，2013。

[3] 何萍：《我国旅游上市公司无形资产与经营绩效的相关性研究》，武汉科技大学硕士学位论文，2013。

[4] 李青原：《会计信息质量、审计监督与公司投资效率》，载《审计研究》，2009（4）：65－73，51.

[5] 刘红霞、索玲玲：《会计稳健性、投资效率与企业价值》，载《审计与经济研究》，2011（9）：53－63.

[6] 刘斌、吴娅玲：《会计稳健性与资本投资效率的实证研究》，载《审计与经济研究》，2011（7）：60－68.

[7] 陆瑶、何平、吴边：《非控股国有股权、投资效率与公司业绩》，载《清华大学学报（自然科学版）》，2011（4）：513－520.

[8] 潘卫东：《新经济形势下旅游企业财务会计现状分析及对策探讨》，载《新经济》，2014（8）：100－101。

[9] 饶茜：《政治关联、会计信息质量与企业投资效率》，重庆大学博士学位论文，2012。

[10] 孙刚：《控股权性质、会计稳健性与不对称投资效率——基于我国上市公司的再检验》，载《山西财经大学学报》，2010（5）：74－84。

[11] 唐梁子夜：《会计稳健性对上市公司投资效率的影响研究》，南昌大学硕士学位论文，2012。

[12] 王会兰：《会计稳健性对企业投资效率的影响研究》，重庆大学硕士学位论文，2012。

[13] 王宇峰、苏逶妍：《会计稳健性与投资效率——来自中国证券市场的经验证据》，载《财经理论与实践》，2008（9）：60－65.

[14] 谢达理、万新焕：《海南国际旅游岛旅游会计人才培养的必要性》，载《经济与社会发展》，2011（1）：18－20。

[15] 徐全华：《会计稳健性与公司投资决策研究——来自中国A股上市公司的经验证据》，暨南大学博士学位论文，2011。

[16] 杨丹、王宁、叶建明：《会计稳健性与上市公司投资行为——基于资产减值角度的实证分析》，载《会计研究》，2011（3）：27-33。

[17] 杨华军：《会计稳健性研究述评》，载《会计研究》，2007（1）：82-87。

[18] 张国源：《会计稳健性、盈余管理和投资效率——来自中国上市公司的经验证据》，载《证券市场导报》，2013（6）：44-48，55。

[19] 张菊朋：《会计稳健性与自由现金流量的过度投资——基于中国上市公司的经验证据》，载《技术经济与管理研究》，2011（12）：92-96。

[20] 张楠：《上市公司会计稳健性与过度投资行为的关系研究——基于资产减值的角度》，首都经济贸易大学硕士学位论文，2013。

[21] 张义文：《会计稳健性对企业投资行为的影响——基于深沪两市A股的经验证据》，山东财经大学硕士学位论文，2013。

[22] 朱松、夏冬林：《稳健会计政策、投资机会与企业投资效率》，载《财经研究》，2010（6）：69-79。

[23] 朱旭芳：《旅游景区财务管理须规范》，载《浙江经济》，2013（10）：54。

[24] Ahmed A. S., Duellman S., "Accounting Conservatism and Board of Director Characteristics: an Empirical Analysis", *Journal of Accounting and Economics*, 2007, 43 (2/3): 411-437.

[25] Ball R., Shivakumar L., "Earnings Quality in UK Private Firms: Comparative Loss Recognition Timeliness", *Journal of Accounting and Economics*, 2005, 39: 83-128.

[26] Basu S., "The Conservatism Principle and the Asymmetric Timeliness of Earnings", *Journal of Accounting and Economics*, 1997, 24 (1): 3-37.

[27] Biddle G. C., Hilary G., "Accounting Quality and Firm-Level Capital Investment", *Accounting Review*, 2006, 81 (5): 963-982.

[28] Bushman R. M., Piotroski J. D., Smith A. J., "Capital Allocation and Timely Accounting Recognition of Economic Losses", *Journal of Business Finance & Accounting*, 2011, 38 (1/2): 1-33.

[29] Garcia L. J., Garcia O. B., Penalva F., "Conditional Conservatism and Firm Investment Efficiency", Working Paper, University Carlos Ⅲ de Marid, 2009.

[30] Jensen M. C., Meckling W. H., "Theory of the Firm: Managerial Behavior, Agency Costs and Ownership Structure", *Journal of Financial Economics*, 1976, 3 (4): 305–360.

[31] Khan M., Watts R. L., "Estimation and Validation of a Firm-year Measure of Conservatism", *Journal of Accounting and Economics*, 2009, 48 (2/3): 132–150.

[32] Kravet T. D., "Accounting Conservatism and Managerial Risk-taking: Corporate Acquisitions", *Journal of Accounting and Economics*, 2014, 57: 218–240.

[33] Lafond R., Roychowdhury S., "Managerial Ownership and Accounting Conservatism", *Journal of Accounting Research*, 2008, 46 (1): 101–135.

[34] Lafond R., Watts R. L., "The Information Role of Conservatism", *Accounting Review*, 2008, 83 (2): 447–478.

[35] Myers S. C., "The Capital Structure Puzzle", *The Journal of Finance*, 1984, 39 (3): 575–592.

[36] Pinnuck M., Lillis A. M., "Profits versus Losses: Does Reporting an Accounting Loss Act as a Heuristic Trigger to Exercise the Abandonment Option and Divest Employees?", *Accounting Review*, 2007, 82 (4): 1031–1053.

[37] Richardson S., "Over-investment of Free Cash Flow", *Review of Accounting Studies*, 2006, 11 (2): 159–189.

[38] Sterling R. R., "The Theory of the Measurement of Enterprise Income", Lawrence, KS: University of Kansas Press, 1970.

[39] Watts R. L., "Conservatism in Accounting part I: Explanations and Implications", *Accounting Horizons*, 2003, 17 (3): 207–221.

第四章 旅游企业投资多元化及其经济后果研究

在我国上市公司的多元化投资热潮中，旅游业是比较突出的一个行业。就笔者考察的样本旅游上市公司而言，华侨城、华天酒店、西安旅游、云南旅游、桂林旅游、三特索道、中青旅已经开展房地产业务；丽江旅游涉足运输业；金陵饭店、中国国旅从事商品贸易活动……除了进入与旅游无关的行业以外，这些上市公司还从事大量的与旅游业相关的多元化投资活动，主营业务中包括景区收入、索道收入、旅行社收入、客房收入、餐饮收入、娱乐收入和其他旅游服务收入等。多元化能够给旅游企业带来更好的经济效益吗？相关多元化与不相关多元化对旅游企业的影响是否有所差异？前人作了一些研究，但囿于数据量的限制有所缺憾，也没有得出一致的结论。本章根据旅游上市公司2001—2013年的数据对这一问题进行研究，以丰富相关理论文献，为实务界提供参考。笔者将旅游业多元化的经济效益分为多元化对绩效的影响和多元化对代理成本的影响两个小节分别进行论述。

4.1 旅游上市公司投资多元化与绩效关系研究

4.1.1 文献综述

（一）国外文献综述

Singh 和 Gu（1994）首次对美国饭店企业多元化与经营绩效之间的关系进行了实证分析，发现二者之间不存在显著的关系。但他们发现经济周期会影响多元化与绩效之间的关系。Jae 和 Jang（2007）通过对美国饭店上市公司数据的分析发现多元化没有增加利润，只是增加了利润的稳定性。Lee 等（2011）考察了美国饭店企业的多元化，发现适度多元化战略能够最大化公司的风险调整后绩效。Chen 和 Chang（2012）对台湾 25 家高度多元化的旅游饭店企业进行了考察，发现与提供客房服务为主的旅游饭店相比，以食品饮料服务为主的旅游饭店的增长速度更快，但是利润的稳定性更差。Park 和 Jang（2012）发现美国饭店企业的多元化与绩效之间呈现非线性关系，并且发现多元化的最优组合是相关多元化与不相关多元化各占一半。Park 和 Jang（2013a）的研究进一步发现提高美国饭店企业的负债水平可以缓解不相关多元化对绩效的负面效应。Park 和 Jang（2013b）将熵指数计算的相关多元化指标进一步分解为行业内多元化指标和纯相关多元化指标，通过对美国饭店企业数据的考察，他们发现：短期来看，行业内多元化指标对公司绩效有负面影响；长期来看，行业内多元化指标对公司绩效有正面影响。而纯相关多元化指标对公司绩效的影响正好相反，短期为正面影响，长期为负面影响。他们还发现，当两种多元化战略同时采用的时候，能够很快产生协同效应。

（二）国内文献综述

在表 4-1 中，笔者整理了目前国内学者对旅游上市公司多元化与绩效关系研究的文献。国内文献主要采用赫芬达尔指数、熵指数、行业数目和多元化虚拟变量作为多元化水平的度量指标，采用净资产收益率（ROE）、总资产报酬率（ROA）、每股收益（EPS）作为企业绩效的代理变量。

表 4-1　国内学者关于旅游业多元化与绩效关系的研究

作者	多元化指标	绩效指标	样本	结论
段正梁、周树雄	赫芬达尔指数、熵指数、行业数目	ROA	2006—2009 年的 15 家旅游上市公司	多元化与绩效显著正相关
段正梁、危湘衡	多元化虚拟变量	因子分析法构造的综合绩效指标	2002—2008 年的 41 个并购样本	相关多元化并购绩效更好
范进	赫芬达尔指数、行业数目	ROA、ROE、托宾 Q	2005—2007 年的 20 家旅游上市公司	旅游类公司的多元化与绩效显著正相关；饭店类公司的多元化与绩效显著负相关
黄海玉、黄文涛	熵指数	主成分分析法构造的综合绩效指标	2000—2009 年的 15 家旅游上市公司	皮尔逊相关系数分析表明，饭店类和资源类公司的相关多元化与绩效显著正相关
靳明、邓广华	赫芬达尔指数	ROE、EPS、托宾 Q	2005—2007 年的 19 家旅游上市公司	回归结果不显著

续表

作者	多元化指标	绩效指标	样本	结论
刘海英、王素洁	赫芬达尔指数、行业数目	托宾Q	2001—2004年的20家旅游上市公司	多元化与绩效显著正相关
王彩萍、徐红罡	赫芬达尔指数、熵指数、专有化率	ROE	2001—2006年的20家旅游上市公司	多元化与绩效显著正相关
肖葳	赫芬达尔指数、熵指数、行业数目、多元化虚拟变量	ROE、托宾Q	2001—2007年的20家旅游上市公司	以ROE为绩效指标时，无显著相关关系；以托宾Q为绩效指标时，相关多元化与托宾Q显著正相关
陈咏英（2013）	熵指数	ROA、ROE、EPS、托宾Q	2001—2011年的25家旅游上市公司	不相关多元化与绩效显著负相关
谌静（2014）	赫芬达尔指数	ROA、ROS、EPS、托宾Q、MBR①	2007—2012年的22家旅游上市公司	景区类和综合类公司的多元化与财务绩效显著负相关；饭店类公司的多元化与财务绩效无显著关系

（三）文献简评

国外学者主要讨论了旅游业中饭店企业的多元化与绩效之间的关系，实证研究的文献不多，没有形成较为一致的意见。由表4-1可以看出，对于旅游企业多元化投资与企业绩效之间的关系，国内学术界也存在着正相关、负相关及不相关等多种观点，没有形成共识。一些文献进行实证研究时仅作了自变量与因变量之间的相关性分析，没有作更为严谨的多元回归分析。将多元化区分为相关多元化和不相关多元化进行讨论的文献也不多。而且，大部分文献的样本量小于100个，影响了结论的准确性。笔者认为，旅游企业多元化与绩效之间关系的话题还有深入讨论的空间。

4.1.2 实证检验

（一）样本来源

除多元化数据以外，本书的样本数据来源于国泰安金融数据库。多元化的

---

① 指市净率，每股市价与每股净资产的比率。

数据是通过查阅各公司历年的财务年报手工整理得出。与本书第二章相同，本研究选取上海与深圳两市归属于大旅游类（包括上市公司行业分类代码中的旅游业、饭店业、餐饮业）的 21 家旅游公司 2001—2013 年的 215 个样本数据进行分析。

（二）理论假设

本书考察旅游上市公司多元化与公司绩效之间的关系。考虑到相关多元化与不相关多元化之间的差异，这里不考察整体多元化对绩效的影响，而是分开考察相关多元化和不相关多元化对旅游上市公司绩效的影响。

刘海英和王素洁（2007）、王彩萍和徐红罡（2008）指出，与其他产业不同，旅游行业的产业关联性较强，具有其自身的特殊性。正如人们所看到的，旅游业是一个内涵丰富的行业，旅游服务包括旅游者的吃、穿、住、行、娱等多个方面，而且彼此之间的联系较为紧密。段正梁和危湘衡（2013）指出，旅游企业天生具有借助相关多元化增强企业竞争力、规避风险、提高利润的动机。譬如，旅行社公司可以购买景点来实现一条龙服务，景点景区公司也可以提供住宿、餐饮和旅行社等服务内容。我国旅游上市公司上市较晚，规模较小，绩效不突出，正处于发展初期。笔者认为，在旅游企业目前的发展阶段，相关多元化可以给旅游企业带来较大的经营协同效应，是合适的选择。因此，笔者提出假设 1 如下：

H1：相关多元化与旅游上市公司的绩效正相关。

西方发达国家企业的多元化历史表明，企业的多元化首先发生在同行业内，之后发生在与同行业相关的上下游行业之间，最后才发展到不相关行业的多元化投资。笔者认为，不相关多元化对旅游企业目前而言并不适合，容易分散企业的精力，产生消极的后果。陈咏英（2013）对 2001—2011 年 25 家旅游上市公司数据的研究也得出了不相关多元化损害绩效的结论。因此，笔者提出假设 2 如下：

H2：不相关多元化与旅游上市公司的绩效负相关。

（三）模型构建与变量设定

根据文章的需要，笔者选取熵指数作为多元化程度的代理变量。熵指数（Entropy Index）是企业各个经营行业的收入占总收入比例与该比例的倒数的自然对数值的乘积的代数和。熵指数越高，多元化程度越高。熵指数可以按照全部经营行业数据进行统计，这样得出的是整体多元化指标（$DT_{i,t}$）；还可以按照不相关行业的营业收入进行统计①,这样得出的是不相关多元化指标($DU_{i,t}$),二者的差就是相关多元化指标($DR_{i,t}$)。参考前人的研究,本文选择净资产收益率($ROE_{i,t}$)、总资产报酬率($ROA_{i,t}$)和每股收益($EPS_{i,t}$)作为企业绩效指标。

公司规模、公司年龄和负债水平三个变量是研究多元化对绩效影响的文献中常用的三个控制变量。周晓艳等(2003)、谭伟强(2006)、韦小柯(2007)、魏锋(2007)的研究结果表明,规模更大的公司的绩效越好。谭伟强(2006)指出,这可能是由于大公司通常具有更好的管理及经营经验。韦小柯(2007)也指出,规模较大的企业具有更多的资源和市场地位以及更高的潜在盈利能力。周晓艳等(2003)、张翼等(2005)、魏锋(2007)均发现上市年限越长,公司绩效越差。2014年中国上市公司市值管理研究中心发布《2014年度中国上市公司市值管理绩效评价报告》显示:上市公司的上市时间越短,绩效越突出;上市时间越长,绩效越落后。这可能是因为公司上市越久,经营模式越固化,保本守成的思想越严重,因此绩效越差。周晓艳等(2003)、姚俊等(2004)、谭伟强(2006)、魏锋(2007)均发现负债水平与公司的绩效负相关。这可能是由于负债水平越高,企业的财务压力越大,越容易濒临破产清算。笔者参考这些文献的结果,并借鉴刘海英和王素洁(2007)、刘晓燕(2008)、王彩萍和徐红罡(2008)、靳明和邓广华(2008)等文献的经验,也选取公司规模、公司年龄和负债水平作为控制变量。如前几章的做法,本文以总资产的自然对数来表示公司规模($Size_{i,t}$);以公司上市年数的自然对数来表示公司年龄($Age_{i,t}$);以资产负债率表示公司的负债水平($Lev_{i,t}$)。

为了检验本文的假说,笔者借鉴有关研究成果构建如下模型:

$$Y_{i,t} = a_0 + \beta_1 DR_{i,t} + \beta_2 DU_{i,t} + \beta_3 Age_{i,t} + \beta_4 Size_{i,t} + \beta_5 Lev_{i,t} + \sum_{n=1}^{12} \alpha_n Year_n + \varepsilon \qquad (1)$$

式中,$Y_{i,t}$是i公司t年的绩效指标,分别为净资产收益率($ROE_{i,t}$)、总资产报酬率($ROA_{i,t}$)和每股收益($EPS_{i,t}$);$DR_{i,t}$是i公司t年的相关多元化指标;$DU_{i,t}$是i公司t年的不相关多元化指标;$Age_{i,t}$是i公司首次公开募股年度到

---

① 在计算不相关多元化指标时,笔者把各上市公司分行业数据中的景区收入、索道收入、旅行社收入、客房收入、餐饮收入、娱乐收入和其他旅游服务收入等与旅游相关的收入合并在一起作为公司从事旅游业的收入,再与公司从事其他行业获得的收入一起计算熵指数。

($t-1$) 年末为止年数的自然对数；$Size_{i,t}$ 是 i 公司 t 年的总资产自然对数；$Lev_{i,t}$ 是 i 公司 t 年的资产负债率；$Year_n$ 是年度虚拟变量，由于样本数据区间是 13 年（2001—2013 年），设置了 12 个年度虚拟变量 $Year_1$、$Year_2$……$Year_{12}$。由于因变量绩效指标有 3 个代理变量，因此本书一共建立了 3 个方程来进行回归。

为清晰起见，笔者将研究的相关变量列表显示，具体如表 4-2 所示。

表 4-2　　　　　多元化与绩效关系研究相关变量的定义

变量	含义	计算公式
$Y_{i,t}$	公司绩效指标	分别为 i 公司 t 年的净资产收益率（$ROE_{i,t}$）、总资产报酬率（$ROA_{i,t}$）和每股收益（$EPS_{i,t}$）
$DR_{i,t}$	相关多元化指标	i 公司 t 年总体多元化指标减去不相关多元化指标
$DU_{i,t}$	不相关多元化指标	i 公司 t 年按照不相关行业统计的营业收入熵指数
$Age_{i,t}$	公司年龄	i 公司首次公开募股到（$t-1$）年末为止年数的自然对数
$Lev_{i,t}$	负债水平	i 公司 t 期期末总负债/t 期末总资产
$Size_{i,t}$	公司规模	i 公司 t 期期末总资产的自然对数
$Year_n$	年度虚拟变量	由于样本数据区间是 13 年（2001—2013 年），设置了 12 个年度虚拟变量 $Year_1$、$Year_2$……$Year_{12}$

（四）描述性统计

表 4-3　　　　　　　　　样本描述性统计

变量	均值	中位数	最大值	最小值	标准差	偏度	峰度	数量
$ROE_{i,t}$	0.066479	0.070252	0.229985	-0.329437	0.079769	-1.649671	8.901183	215
$ROA_{i,t}$	0.041751	0.041802	0.147316	-0.147418	0.045714	-0.817762	5.706341	215
$EPS_{i,t}$	0.291421	0.222946	1.520851	-0.663322	0.330546	0.803621	4.793771	215
$DR_{i,t}$	0.590410	0.600523	1.524107	0.000000	0.431622	0.164647	1.919242	215
$DU_{i,t}$	0.255074	0.197860	0.985984	0.000000	0.254269	0.775883	2.638198	215
$Age_{i,t}$	1.808607	2.079442	2.944439	-1.203973	0.885112	-1.338032	4.392905	215
$Lev_{i,t}$	0.387124	0.381510	0.775615	0.024871	0.164806	0.144774	2.286190	215
$Size_{i,t}$	21.065190	20.821760	25.199220	18.918250	1.019805	1.336940	5.662798	215

样本上市公司业绩指标 $ROE_{i,t}$、$ROA_{i,t}$ 和 $EPS_{i,t}$ 的均值分别为 6.65%、4.175% 和 0.2914。相关多元化指标 $DR_{i,t}$ 的平均值为 0.590410，几乎为不相关多元化指标 $DU_{i,t}$ 的平均值 0.255074 的两倍，说明旅游上市公司的相关多元化

情况更多一些。由于公司年龄指标 $Age_{i,t}$ 的偏度为 -1.338032, 小于零, 因此均值偏小, 中位数更具代表性。根据公司年龄的中位数, 算得旅游上市公司的平均上市年龄约为 9 年, 说明旅游上市公司的总体上市时间不长。资产负债率的均值为 38.71%, 说明旅游企业的负债水平较低, 但也有个别的高达 77.56%。根据中位数计算而得的公司规模平均为 11.04 亿元, 说明旅游业上市公司的整体规模比较小。

表 4-4 列出了 2001—2013 年旅游上市公司各个指标的平均值。图 4-1 列出了 $ROE_{i,t}$、$ROA_{i,t}$ 和 $EPS_{i,t}$ 的变化趋势。图 4-2 列出了 $DT_{i,t}$、$DR_{i,t}$ 和 $DU_{i,t}$ 的变化趋势。

表 4-4　　　　样本公司 2001—2013 年各指标的均值

年份	$ROE_{i,t}$(%)	$ROA_{i,t}$(%)	$EPS_{i,t}$	$DT_{i,t}$	$DR_{i,t}$	$DU_{i,t}$	$Size_{i,t}$
2001	2.80	2.00	0.1384	0.8223	0.6216	0.2007	20.4407
2002	3.23	2.77	0.1287	0.8197	0.6397	0.1800	20.5258
2003	-1.56	-0.51	-0.0239	0.8639	0.7053	0.1586	20.5320
2004	7.40	4.32	0.1934	0.8136	0.6591	0.1545	20.6889
2005	8.01	4.91	0.2127	0.8061	0.6163	0.1898	20.7164
2006	8.00	4.89	0.2348	0.8675	0.6798	0.1877	20.8001
2007	8.76	5.20	0.3297	0.9322	0.6897	0.2425	21.0253
2008	5.17	3.65	0.2372	0.8526	0.5973	0.2553	21.0181
2009	6.95	4.05	0.3070	0.8810	0.5687	0.3123	21.1642
2010	8.39	4.88	0.3822	0.8916	0.5526	0.3581	21.3413
2011	8.57	5.45	0.4392	0.7915	0.4605	0.3310	21.4346
2012	8.75	5.61	0.4789	0.8203	0.4814	0.3389	21.5091
2013	7.25	4.41	0.4157	0.8132	0.5553	0.2579	21.6725

从图 4-1 可以看出, 旅游上市公司的业绩在 2003 年和 2008 年有较大的下滑, 说明 2003 年的"非典"疫情和 2008 年的全球金融危机给旅游企业带来了较大的负面影响。整体来看旅游企业的绩效呈上升趋势。

从图 4-2 可以看出, 旅游企业的整体多元化指标 $DT_{i,t}$ 的走势比较平稳, 一直在 0.80 左右波动。而相关多元化指标 $DR_{i,t}$ 呈下降趋势, 不相关多元化指标 $DU_{i,t}$ 呈上升趋势, 但 2013 年二者又反向而行, 相关多元化指标开始上升, 不相关多元化指标开始下降。

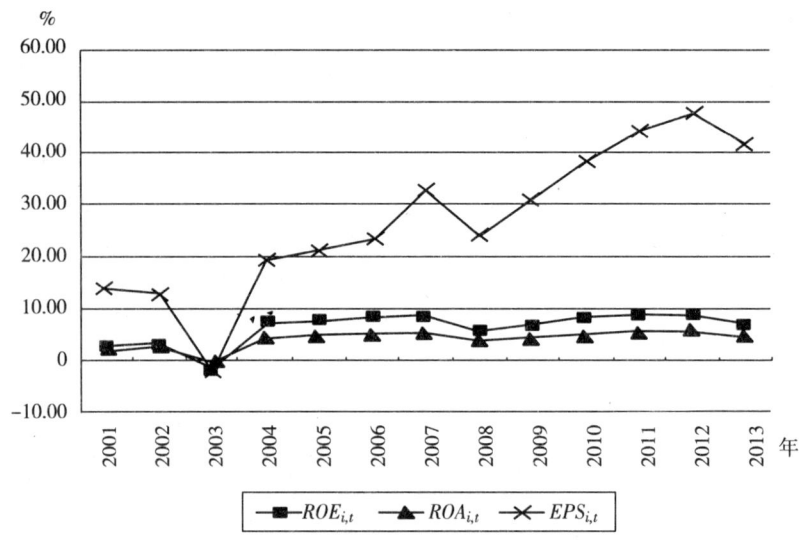

图 4-1 $ROE_{i,t}$、$ROA_{i,t}$ 和 $EPS_{i,t}$ 的变化趋势：2001—2013

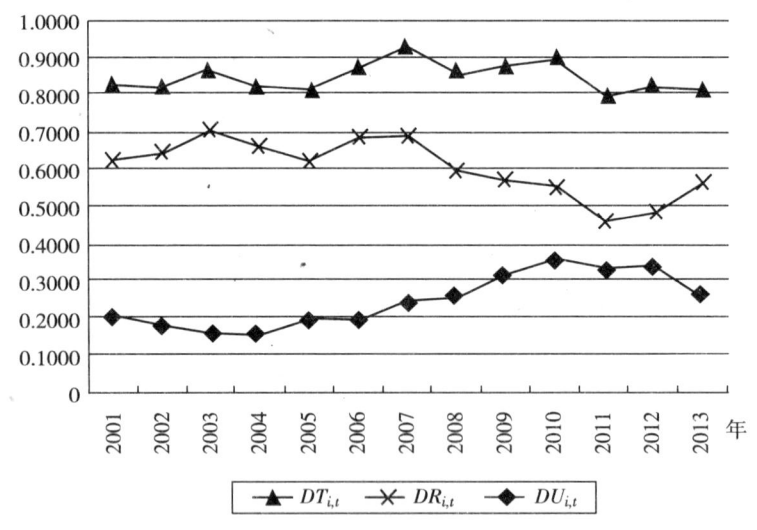

图 4-2 $DT_{i,t}$、$DR_{i,t}$ 和 $DU_{i,t}$ 的变化趋势：2001—2013

（五）回归分析

为了节省篇幅，本书略去相关性分析，只提供各个方程的多元回归分析。相关性分析表明，自变量之间的相关系数均小于50%，说明方程不存在多重共线性问题。笔者运用统计软件 EVIEWS6.0 进行多元回归，用怀特（White）调整异方差的方法对参数进行估计。表 4-5 至表 4-7 分别为三个方程的回归结果。

第四章 旅游企业投资多元化及其经济后果研究

表4-5　　　　　　模型（1）回归结果（因变量为$ROE_{i,t}$）

自变量	因变量（$ROE_{i,t}$）
$DR_{i,t}$	0.021***
$DU_{i,t}$	-0.061***
$Age_{i,t}$	-0.009*
$Lev_{i,t}$	-0.059
$Size_{i,t}$	0.048***
Year	控制
R^2	0.384
$Adj-R^2$	0.331
F	7.223***

注：*、**、***分别表示在10%、5%和1%的水平上显著（双尾）。

表4-6　　　　　　模型（1）回归结果（因变量为$ROA_{i,t}$）

自变量	因变量（$ROA_{i,t}$）
$DR_{i,t}$	0.013**
$DU_{i,t}$	-0.029***
$Age_{i,t}$	-0.009**
$Lev_{i,t}$	-0.084***
$Size_{i,t}$	0.024***
Year	控制
R^2	0.385
$Adj-R^2$	0.332
F	7.254***

注：*、**、***分别表示在10%、5%和1%的水平上显著（双尾）。

表4-7　　　　　　模型（1）回归结果（因变量为$EPS_{i,t}$）

自变量	因变量（$EPS_{i,t}$）
$DR_{i,t}$	0.087***
$DU_{i,t}$	-0.089
$Age_{i,t}$	-0.072***
$Lev_{i,t}$	-0.340***
$Size_{i,t}$	0.210***
Year	控制
R^2	0.499
$Adj-R^2$	0.456
F	11.555***

注：*、**、***分别表示在10%、5%和1%的水平上显著（双尾）。

三个方程的结果均表明，相关多元化指标与绩效显著正相关，说明旅游业的相关多元化活动确实起到了提高经营协同度的好作用，有利于企业良性发展，假设1得证。而不相关多元化指标与$ROE_{i,t}$和$ROA_{i,t}$都显著负相关，与$EPS_{i,t}$虽然不显著相关，但回归系数为负，也说明不相关多元化损害了企业的绩效，假设2得证。在图4-2中，笔者观察到2013年旅游企业的相关多元化指标开始上升，不相关多元化指标开始下降，可能说明旅游企业在经过迷茫和困惑之后，重新走上集中力量在旅游圈内谋发展的道路，这是可喜的现象。

（六）研究结论

本书通过对旅游上市公司2001—2013年数据的搜集和分析，发现在目前的发展阶段，相关多元化有利于旅游企业的发展，而不相关多元化损害了企业的绩效。本书的结论说明旅游上市公司应该围绕相关多元化下工夫，做强做大主业，才能实现长期稳定发展，获取优良业绩。范进（2009）、黄海玉和黄文涛（2011）、谌静（2014）等文献的研究表明，把旅游上市公司区分为资源类、饭店类、旅游类等子样本进行分析能得到更多的结论。由于本书样本的数量不大（215个），笔者担心分成子样本后子样本的数量过少，回归出来的结果不稳健，因此没有对子样本进行进一步分析。这也是笔者未来研究的一个方向。

参考文献

[1] 谌静：《旅游上市公司多元化经营与绩效关系实证研究——基于内部财务和外部市场价值视角》，载《财会通讯》，2014（7）：29-31。

[2] 陈咏英：《旅游上市公司多元化与绩效关系研究——基于11年数据的检验》，载《北京第二外国语学院学报》，2013（7）：48-53。

[3] 段正梁、周树雄：《内生性视角下的多元化与旅游企业价值关系》，载《旅游学刊》，2012（2）：62-71。

[4] 段正梁、危湘衡：《旅游企业多元化并购类型与长期绩效的关系——以2002—2008年中国旅游上市公司为例》，载《旅游学刊》，2013（2）：86-93。

[5] 范进：《旅游业公司多元化经营与公司绩效关系的实证研究》，中南大学硕士学位论文，2009。

[6] 黄海玉、黄文涛：《我国旅游上市公司多元化经营绩效分析》，载《江西财经大学学报》，2011（3）：44-51。

［7］靳明、邓广华：《旅游行业上市公司多元化经营绩效的实证检验》，载《西安邮电学院学报》，2008（6）：92-97。

［8］刘海英、王素洁：《旅游行业上市公司多元化经营与公司价值实证检验》，载《北京第二外国语学院学报》，2007（5）：57-61。

［9］刘晓燕：《中国上市旅游公司多元化与经营绩效的实证研究》，北京第二外国语学院硕士学位论文，2008。

［10］谭伟强：《多元化、国际化与企业绩效：基于中国上市公司的实证研究》，中山大学管理学院工作论文，2006。

［11］王彩萍、徐红罡：《旅游企业多元化经营的经济后果分析》，载《旅游学刊》，2008（7）：18-22。

［12］韦小柯：《多元化业务相关性与企业绩效关系》，载《工业技术经济》，2007（5）：79-82。

［13］魏锋：《多元化经营与公司绩效关系的实证分析——基于时间的视角》，载《重庆大学学报（自然科学版）》，2007（7）：161-166。

［14］肖葳：《中国旅游业上市公司多元化战略与企业绩效关系实证研究》，山东大学硕士学位论文，2008。

［15］姚俊、吕源、蓝海林：《我国上市公司多元化与经济绩效关系的实证研究》，载《管理世界》，2004（11）：119-125。

［16］张翼、李习、许德音：《代理问题、股权结构与公司多元化》，载《经济科学》，2005（3）：90-99。

［17］周晓艳、王凌云：《股权结构、多元化与公司绩效》，载《经济学研究》，2003（6）：43-48。

［18］Chiang-Ming Chen, Kuo-Liang Chang, "Diversification Strategy and Financial Performance in the Taiwanese Hotel Industry", *International Journal of Hospitality Management*, 2012, 31: 1030-1032.

［19］Lee S., Xiao Q., Kang K. H., "An Examination of US Hotel Segment Strategy: Diversified, Concentrated or Balanced?", *Tourism Economics*, 2011, 17(6): 1257-1274.

［20］Jae L. M., Jang S., "Market Diversification and Financial Performance and Stability: A Study of Hotel Companies", *International Journal of Hospitality Management*, 2007, 26(2): 362-375.

［21］Park K., Jang S., "Effect of Diversification on Firm Performance:

Application of the Entropy Measure", *International Journal of Hospitality Management*, 2012, 31 (1): 218-228.

[22] Park K., Jang S., "Capital Structure, Free Cash Flow, Diversification and Firm Performance: A Holistic Analysis", *International Journal of Hospitality Management*, 2013, 33 (2): 51-63.

[23] Park K., Jang S., "Effect of Within-industry Diversification and Related Diversification Strategies on Firm Performance", *International Journal of Hospitality Management*, 2013, 34 (2): 51-60.

[24] Singh A., Gu Z., "Diversification, Financial Performance, and Stability of Foodservice Firms", *Hospitality Research Journal*, 1994, 18 (2): 3-16.

4.2 旅游上市公司投资多元化与代理成本关系研究

4.2.1 文献综述

(一) 国外文献综述

1. 多元化与经理人代理成本文献综述

多元化可能是公司经理人追求个人利益的一种途径。Reid (1968) 考察了 1961 年之前 10 年的美国公司多元化并购行为。他发现多元化并购满足了管理层扩大公司规模、谋取个人利益的需要，却没有增加公司的盈余或股价。Amihud 和 Lev (1981) 考察了财富 500 强中 309 家大公司 20 世纪 60 年代的多元化并购活动。他们发现管理层控制的公司更倾向于从事多元化并购，这种并购没有显著的经济利益，但是能降低经理人的失业风险和声誉风险。Jensen (1986) 指出，在企业持有自由现金流量的时候，管理层为了控制更多的资源，倾向于进行多元化投资而不是发放股利，从而损害股东利益。Lins 和 Servaes (2002) 考察了东亚公司的样本，发现多元化折扣 (多元化活动与绩效呈负相关关系) 只发生在管理层持股比例在 10%~30% 之间的公司里面。他们发现当管理层的控制权大大超过现金流权的时候，多元化折扣更为严重。Tirapat (2004) 考察了 1996—2000 年泰国上市公司 1 455 个公司年的数据，发现存在显著的多元化折价。他进而发现，经理的报酬与多元化程度正相关，说明存在经理人代理问题。Beiner 和 Schmid (2005) 通过对 159 家瑞士公司的考察，发现了 14%~24% 的多元化折扣。他们发现外部大股东和更好的公司治理机制可以抵制管理层损害公司价值的多元化行为。Jelinek（2006）在考察管理层持股与代理成本之间关系的时候，也发现多元化程度与经理人代理成本正相关的证据（降低了资产使用效率）。

2. 多元化与控股股东代理成本文献综述

控股股东可能为了追求私有收益而通过多元化行为对中小股东进行利益侵害。Bebchuk 等（1999）通过模型分析指出，在控股股东的控制权和现金流权的分离程度比较大的时候，控股股东有动力通过多元化扩张来谋取控制权收益，损害公司价值和小股东的利益。Claessens 等（2000）考察了东亚公司的多元化与最终控制人之间的关系。他们分析了2000多家东亚公司1991—1996年的数据，发现控股股东的控制权与现金流权的分离程度与多元化程度正相关。这一关系在控股股东的控制权比较高的情况下更为显著。他们认为这个证据表明多元化是大股东掠夺中小股东的手段。Lins 和 Servaes（2002）指出，在资本市场信息不对称程度更高、法规惩处力度更弱和缺乏敌意收购等外部约束的情况下，新兴市场国家的多元化公司尤其是集团控制的多元化公司里中小股东的利益更容易遭受到控股股东和管理层的掠夺。

（二）国内文献综述

1. 多元化与经理人代理成本文献综述

谭伟强（2006）指出，在我国上市公司的监管体制仍然不完善的情况下，公司管理者很容易通过多元化战略来扩大其获取私人收益的机会。陈咏英（2008a）考察了2001—2004年A股上市公司的数据，发现多元化程度与经理人代理成本显著正相关。李刚和曹晓普（2008）考察了2002—2004年A股上市公司的数据，发现多元化程度与经理人代理成本显著正相关，与公司业绩显著负相关。彭洁和江辉（2010）考察了2002—2004年的上市公司数据，也得出同样的结论。马丽丽（2010）分析了2004—2008年的生物制药业的上市公司数据，发现多元化程度与经理人代理成本显著正相关。梁博（2013）考察了2007—2009年的上市公司的数据，也发现多元化程度与经理人代理成本显著正相关。

2. 多元化与控股股东代理成本文献综述

刘朝晖（2002）通过对五粮液和棱光实业的多元化投资分析，发现控股股东对外部收益的追求将导致上市公司进行非效率的投资，并最终走向崩溃。刘胜军（2002）指出，多元化投资的项目常沦为上市公司控股股东套取资金的工具。姚先国和汪炜（2003）发现，国内企业的盲目多元化与控股股东借以获取私人收益密切相关。韩忠雪等（2006）指出，多元化折价产生的原因来自于控股股东的利益攫取行为。艾健明（2007）指出，多元化成为上市公司大股东侵占利益的渠道。陈咏英（2008b）考察了 2001—2004 年 A 股上市公司的数据，发现多元化程度与控股股东代理成本显著正相关。高宇璇（2011）考察了 2002—2008 年的 A 股上市公司的数据，发现多元化公司中控股股东的控制权与现金流权的偏离程度较大，说明存在着控股股东掠夺行为。张根明和李杨杨（2012）分析了制造业上市公司 2003—2009 年的数据，发现控股股东代理成本和经理人代理成本对多元化公司的绩效均有显著的负面影响。梁威（2013）考察了 1990—2012 年的 A 股上市公司的数据，发现实施多元化会降低公司的价值，而管理层和控股股东的代理问题是公司实施多元化的主要动因。

（三）文献简评

国外文献较早地指出了多元化经理人代理问题的存在，但是大部分是通过测量多元化与经理的薪酬、多元化与经理的持股比例之间的关系的方式来进行推论，直接对多元化与经理人代理成本关系进行实证检验的文献很少。同样，国外学者也较早地提出了多元化控股股东代理问题的存在，但是大部分也是通过对控股股东控制权与现金流权的分离程度来进行检验，笔者尚未见到直接检验二者关系的外文文献。国内学者对多元化与经理人代理成本、控股股东代理成本的关系都进行了实证检验，但是笔者没有发现专门研究旅游企业多元化与经理人及控股股东代理成本的文献。而多元化正是旅游企业投资经营的一大特点。因此，笔者认为在这方面值得进行深入的研究。

4.2.2 实证检验

（一）样本来源

与本书第 4.1 节相一致，本研究选取上海与深圳两市归属于旅游类（包括上市公司行业分类代码中的旅游业、饭店业、餐饮业）的 21 家旅游公司 2001—2013 年的数据进行分析。样本数量总共为 215 个公司年。其中多元化的数据是笔者手工整理得到。

（二）理论假设

肖葳（2008）、黄海玉和黄文涛（2011）、段正梁和危湘衡（2013）、段正梁等（2014）文献提供了相关多元化提高企业绩效的证据。相反，不相关多元化却存在弊端。本书 4.1 节的研究结果也表明，旅游上市公司的不相关多元化行为损害了企业的绩效。西方发达国家的企业从同行业多元化发展到不相关行业多元化大约经历了 150 年的时间。我国旅游上市公司起步较晚,规模较小,收益水平不高。2009 年《国务院关于加快发展旅游业的意见》确立了把旅游业培育成国民经济的战略性支柱产业的指导方针之后,旅游业才进入了蓬勃发展的新时期。近年来,我国一些旅游类上市公司渐有向相关产业渗透的迹象,如西藏旅游(600749)2006 年的主要业务收入还是来自旅行社行业,由于这家公司在 2007 年购买了一个景区,因此 2008 年的主要收入来源就变为景区的门票收入了。笔者认为,这种旅游业内部的互相渗透是符合旅游企业发展规律的。而不相关多元化在目前的发展阶段对旅游企业可能并不是一个适合的选择。管理层和控股股东的代理问题可能是旅游上市公司实施不相关多元化的主要动因。因此笔者提出以下假设:

H1:旅游企业的相关多元化程度越高,经理人代理成本越低。

H2:旅游企业的不相关多元化程度越高,经理人代理成本越高。

H3:旅游企业的相关多元化程度越高,控股股东代理成本越低。

H4:旅游企业的不相关多元化程度越高,控股股东代理成本越高。

(三)模型构建与变量设定

与本书第 4.1 节相同,本节选取熵指数作为多元化程度的代理变量。笔者先采用上市公司经营的全部行业的数据统计得到整体多元化指标($DT_{i,t}$);然后按照不相关行业的营业收入统计得到不相关多元化指标($DU_{i,t}$),二者之差就是相关多元化指标($DR_{i,t}$)。Ang 等(2000)指出,经理人代理问题包括额外消费和资本运营效率低下两个方面,并首次提出了计量经理人代理成本的两种方法:经营费用率法[①](Expense Ratio)和资产使用效率法(Sales – To – Asset Ratio)。这两种计量方法后来得到了普遍的接受和运用。参考前人的研究,本节在研究中采用管理费用率($Glfy_{i,t}$)和总资产周转率($Atr_{i,t}$)作为经理人代理成本的度量。姜国华和岳衡(2005)、马曙光等(2005)的研究指出,采用其他应收款/总资产余额作为控股股东代理成本的替代指标比较合理。因此本节采用其他应收款/总资产余额($Qtys_{i,t}$)作为控股股东代理成本的度量指标。

与模型相关的控制变量有如下七个:

1. 公司规模。Jensen 和 Meckling(1976)的研究指出,企业规模愈大,相

---

① 经营费用是指总费用扣除了产品销售成本、利息费用和管理层报酬的余额,基本相当于管理费用(扣除管理层的报酬)和销售费用之和。

应的监督成本也越高，因此经理人代理成本也越大。Chow（1982）的研究表明，在管理者持股和杠杆一定的情况下，随着公司规模的增大，管理者所能够控制的资源就越多，就越有更多的机会消费，以获得非金钱性利益。同时，公司规模也是影响控股股东代理成本的一个重要影响因素。李增泉（2004）、罗党论和唐清泉（2007）等均发现，公司规模与上市公司的大股东资金占用之间呈现显著的负相关关系。参考前人的研究成果，本节以总资产的自然对数（$Size_{i,t}$）来表示公司规模。

2. 股权集中度。本节以第一大股东持股比例（$Large_{i,t}$）来表示股权集中度。Inderst 和 Muller（1991）发现，与股权集中的公司相比，股权分散的公司的经理人在职消费的代理成本更高。宋力和韩亮亮（2005）发现经理人代理成本与股权集中度负相关。肖作平（2006）发现第一大股东持股比例与经理人代理成本正相关。此外，李增泉（2004）、江东瀚（2006）等的研究均表明，股权集中度也是影响控股股东代理成本的因素。由于 Morck 等（1988）、熊小舟等（2008）的研究表明，股权结构与公司财务指标之间的关系可能是二次或三次的函数关系，本节检验了第一大股东持股比例与因变量之间是否具有二次或三次函数关系，选择回归系数显著、拟合优度高的模型作为最终回归模型。经过比较发现，将第一大股东持股比例与第一大股东持股比例的平方同时作为自变量放入经理人代理成本和控股股东代理成本的回归方程，拟合效果较好。

3. 资本结构。Jensen（1986）指出，适当的负债比例可以缓解经理人与股东之间的代理冲突，为公司带来积极的影响。蔡吉甫和谢盛纹（2007）进一步发现，债务期限结构和融资来源对经理人代理成本产生显著影响。因此，笔者参照蔡吉甫和谢盛纹（2007）的做法，选择银行借款占公司负债总额的百分比（$Bank_{i,t}$）和流动负债占公司负债总额的百分比（$Short_{i,t}$）作为考察多元化与经理人代理成本关系的两个控制变量。同时，笔者选择负债比率（$Lev_{i,t}$）作为考察多元化与控股股东代理成本关系的一个控制变量。

4. 公司上市年限。本节以公司上市年限的自然对数（$Age_{i,t}$）表示公司的上市年限。曾庆生和陈信元（2006）指出，上市越早的公司改制可能越不彻底，管理费用率可能越大。同样的道理，笔者认为上市越早的公司可能由于改制不彻底而使得控股股东的掏空行为也越多。因此，笔者也将公司上市年限作为考察多元化与经理人代理成本和控股股东代理成本关系的一个控制变量。

5. 独立董事比例。Fama 和 Jensen（1983）指出，独立董事出于维护自身声誉的动机，有动力监督管理层，有利于减轻管理层和股东之间的利益冲突。Millstein 等（1998）发现积极和独立的董事会和公司业绩显著正相关。Bhojraj 等（2003）认为，公司存在高比例的独立董事时，可以减少经营者自利目标与公司股东目标之间的偏差，以及信息不对称所带来的风险。此外，独立董事的存在也有利于提高公司治理水平，发挥对大股东掏空行为的制约作用。唐清泉等（2005）的研究结论表明，独立董事的存在能够对大股东的"隧道挖掘"行为起到一定的抑制作用。笔者将独立董事占全体董事的比例（$ID_{i,t}$）也作为考察多元化与经理人代理成本和控股股东代理成本关系的一个控制变量。

6. 管理层持股比例。Jensen 和 Meckling（1976）、Ang 等（2000）都提出管理层适当持股有助于降低代理成本。因此本节将管理层持股比例（$Manager_{i,t}$）作为考察多元化与经理人代理成本关系的一个控制变量。

7. 蔡吉甫和谢盛纹（2007）、李晓蒙（2013）等研究表明，公司成长性对经理人代理成本产生显著影响。因此，笔者将公司成长性（$Tobinq_{i,t}$）作为考察多元化与经理人代理成本关系的一个控制变量。

根据上面的分析，在对多元化与经理人代理成本关系进行回归时，本节选取公司规模（$Size_{i,t}$）、第一大股东持股比例（$Large_{i,t}$）、银行借款占公司负债总额的百分比（$Bank_{i,t}$）、流动负债占公司负债总额的百分比（$Short_{i,t}$）、公司上市年限（$Age_{i,t}$）、独立董事比例（$ID_{i,t}$）、管理层持股比例（$Manager_{i,t}$）、公司成长性（$Tobinq_{i,t}$）八个指标作为控制变量；在对多元化与控股股东代理成本关系进行回归时，本节选取公司规模（$Size_{i,t}$）、第一大股东持股比例（$Large_{i,t}$）、负债比率（$Lev_{i,t}$）、公司上市年限（$Age_{i,t}$）、独立董事比例（$ID_{i,t}$）五个指标作为控制变量。此外，为了控制时间因素的影响，本节还设置了12个时间虚拟变量。

多元化与经理人代理成本回归模型构建如下：

$$Y_{i,t} = a_0 + \beta_1 DR_{i,t} + \beta_2 DU_{i,t} + \beta_3 Large_{i,t} + \beta_4 Large_{i,t}^2 + \beta_5 Tobinq_{i,t}$$
$$+ \beta_6 Age_{i,t} + \beta_7 ID_{i,t} + \beta_8 Size_{i,t} + \beta_9 Bank_{i,t} + \beta_{10} Short_{i,t}$$
$$+ \beta_{11} Manager_{i,t} + \sum_{n=1}^{12} \alpha_n year_n + \varepsilon \tag{1}$$

式中，$Y_{i,t}$ 为经理人代理成本指标，分别为管理费用率（$Glfy_{i,t}$）和总资产周转率（$Atr_{i,t}$）；$DR_{i,t}$ 是相关多元化指标；$DU_{i,t}$ 是不相关多元化指标；$Large_{i,t}$ 为第一大股东持股比例；$Large_{i,t}^2$ 为第一大股东持股比例的平方；$Tobinq_{i,t}$ 为公司成长性；$Age_{i,t}$ 为公司上市年限；$ID_{i,t}$ 为独立董事比例；$Size_{i,t}$ 为公司规模；$Bank_{i,t}$ 为银行借款占公司负债总额的百分比；$Short_{i,t}$ 为流动负债占公司负债总额的百分比；$Manager_{i,t}$ 为管理层持股比例。

多元化与控股股东代理成本回归模型构建如下：

$$Qtys_{i,t} = a_0 + \beta_1 DR_{i,t} + \beta_2 DU_{i,t} + \beta_3 Large_{i,t} + \beta_4 Large_{i,t}{}^2 + \beta_5 Lev_{i,t} \\ + \beta_6 Age_{i,t} + \beta_7 ID_{i,t} + + \beta_8 Size_{i,t} + \sum_{n=1}^{12} \alpha_n year_n + \varepsilon \qquad (2)$$

式中，$Qtys_{i,t}$ 为其他应收款/总资产余额，是控股股东代理成本指标；$Lev_{i,t}$ 为资产负债率；其余变量的含义同模型（1）。

为清晰起见，笔者将研究的相关变量列表显示，具体如表 4-8 所示。

表 4-8　多元化与代理成本研究相关变量的定义

变量	含义	计算公式
$Y_{i,t}$	经理人代理成本指标	分别为 i 公司 t 年的管理费用率（$Glfy_{i,t}$）和总资产周转率（$Atr_{i,t}$）
$DR_{i,t}$	相关多元化指标	i 公司 t 年总体多元化指标减去不相关多元化指标
$DU_{i,t}$	不相关多元化指标	i 公司 t 年按照不相关行业统计的营业收入熵指数
$Large_{i,t}$	第一大股东持股比例	i 公司 t 年的第一大股东持股数量/总股数
$Tobinq_{i,t}$	托宾 Q	i 公司 t 年的市场价值/账面价值
$Qtys_{i,t}$	其他应收款比例	i 公司 t 年的期末其他应收款/期末总资产
$Age_{i,t}$	总资产报酬率	i 公司首次公开募股年度到（$t-1$）年年末为止年数的自然对数
$Lev_{i,t}$	负债水平	i 公司 t 期期末总负债/t 期期末总资产
$Size_{i,t}$	公司规模	i 公司 t 期期末总资产的自然对数
$ID_{i,t}$	独立董事比例	i 公司 t 年的独立董事人数/董事会总人数
$Bank_{i,t}$	银行借款占公司负债总额的百分比	i 公司 t 年的银行借款余额/负债余额
$Short_{i,t}$	流动负债占公司负债总额的百分比	i 公司 t 年的流动负债余额/负债余额
$Manager_{i,t}$	管理层持股比例	i 公司 t 年的管理层持股比例
$Year_n$	年度虚拟变量	由于样本数据区间是 13 年（2001—2013 年），设置了 12 个年度虚拟变量 $Year_1$、$Year_2$……$Year_{12}$

第四章　旅游企业投资多元化及其经济后果研究

（四）描述性统计

表4-9　　　　　　　　　　样本描述性统计

变量	均值	中位数	最大值	最小值	标准差	偏度	峰度
$Glfy_{i,t}$	0.184643	0.169611	0.677054	0.025939	0.116628	1.051192	4.276361
$Atr_{i,t}$	0.455757	0.352716	1.806655	0.084228	0.316671	1.667131	5.720707
$DR_{i,t}$	0.59041	0.600523	1.524107	0	0.431722	0.164647	1.919242
$DU_{i,t}$	0.255074	0.19786	0.985984	0	0.254269	0.775883	2.638198
$Large_{i,t}$	0.403033	0.396167	0.691772	0.146361	0.153986	0.213147	2.08366
$Tobinq_{i,t}$	1.642235	1.409883	4.232046	0.591365	0.651913	1.253512	4.284984
$Age_{i,t}$	1.808607	2.079442	2.944439	-1.20397	0.885712	-1.33803	4.392905
$ID_{i,t}$	0.32814	0.333333	0.625	0	0.103361	-1.0102	6.792721
$Size_{i,t}$	21.06519	20.82176	25.19805	18.91825	1.019805	1.33694	5.662798
$Lev_{i,t}$	0.387124	0.38151	0.775615	0.024871	0.164806	0.144774	2.28619
$Bank_{i,t}$	0.415472	0.443356	0.859538	0	0.24664	-0.1916	1.929705
$Short_{i,t}$	0.786238	0.815144	1	0.213763	0.180709	-0.71552	2.848665
$Manager_{i,t}$	0.012269	5.42E-05	0.672571	0	0.080744	7.74635	63.05115
$Qtys_{i,t}$	0.03324	0.016737	0.23869	0.000847	0.039196	2.042179	7.92553

由表4-9可知，样本上市公司管理费用占营业收入的比例平均为18.46%，所占比重较大，说明旅游上市有必要对管理费用进行监控。资产周转率平均为45.58%，说明旅游上市公司的资产利用效率不高，也可能说明旅游企业目前处于规模扩张时期，资产规模的扩张先于销售收入的提高。第一大股东持股比例平均为40.30%，说明平均而言旅游上市公司的第一大股东的持股比例较高，其他股东对第一大股东的制衡能力较弱。银行借款占公司负债总额的百分比平均为41.55%，说明旅游上市公司对银行资金的使用比较多。流动负债占公司负债总额的百分比平均为78.62%，说明旅游企业的负债融资期限较短，面临较大的还款压力。其他指标在前面章节的描述性统计中已加以说明，此处不再赘述。

（五）回归分析

为了节省篇幅，本节略去相关性分析，只提供各个方程的多元回归分析。相关性分析表明，模型（1）和模型（2）的自变量之间的相关系数均小于50%，说明两个模型都不存在严重的多重共线性问题。本节运用统计软件EVIEWS6.0进行多元回归，用怀特（White）调整异方差的方法对参数进行估计。表4-10为模型（1）的回归结果。因变量分别为管理费用率和总资产周转率。表4-11为模型（2）的回归结果。因变量为其他应收款比例。

表4-10　　　　　　　　　模型（1）回归结果

自变量	因变量（$Glfy_{i,t}$）	因变量（$Atr_{i,t}$）
$DR_{i,t}$	-0.044**	0.133***
$DU_{i,t}$	-0.037	0.054
$Large_{i,t}$	0.753***	-3.237***
$Large_{i,t}^2$	-0.772***	4.068***
$Tobinq_{i,t}$	-0.002	0.078
$Age_{i,t}$	0.022**	0.026
$ID_{i,t}$	0.105	0.715
$Size_{i,t}$	-0.032***	0.018
$Bank_{i,t}$	-0.003	-0.282***
$Short_{i,t}$	-0.236***	0.589***
$Manager_{i,t}$	-0.077	-0.527**
Year	控制	控制
R^2	0.290	0.320
$Adj-R^2$	0.204	0.238
F	3.387***	3.903***

注：*、**、***分别表示在10%、5%和1%的水平上显著（双尾）。

由模型（1）的回归结果可知，相关多元化指标 $DR_{i,t}$ 与管理费用率显著负相关，与总资产周转率显著正相关，说明相关多元化程度越高，经理人代理成本越低，假设1得证。不相关多元化指标 $DU_{i,t}$ 与管理费用率、总资产周转率都无显著关系，假设2未得到证明。第一大股东持股比例 $Large_{i,t}$ 与管理费用率呈倒U型关系，与总资产周转率呈正U型关系，说明随着控股股东持股比例的上升，经理人代理成本先上升后下降；可能的解释是控股股东持股比例较低时，对经理人疏于监控，甚至由于经理人与控股股东的密切关系（可能来自于同一个母公司），经理人更方便进行过度消费或偷懒；当控股股东持股比例升高到一定程度时，由于利益所在，控股股东对管理层的监督更加严格，所以会降低经理人代理成本。流动负债占公司负债总额的百分比 $Short_{i,t}$ 与管理费用率显著负相关，与总资产周转率显著正相关，说明缩短债务期限结构有助于降低经理人代理成本，债务确实起到了治理效果。银行借款占公司负债总额

第四章 旅游企业投资多元化及其经济后果研究

的百分比 $Bank_{i,t}$ 与总资产周转率显著负相关,说明旅游企业对银行贷款的使用效率不高,未能有效扩大销售收入。独立董事比例 $ID_{i,t}$ 与与管理费用率、总资产周转率都无显著关系,说明我国旅游企业的独立董事监督管理层、保护股东利益的职能没有发挥出来。管理层持股比例 $Manager_{i,t}$ 与总资产周转率显著负相关,说明旅游企业的管理层激励制度存在问题。

表4-11 模型(2)回归结果

自变量	因变量($Qtys_{i,t}$)
$DR_{i,t}$	0.008
$DU_{i,t}$	0.028***
$Large_{i,t}$	-0.274**
$Large_{i,t}^2$	0.277**
$Lev_{i,t}$	0.066***
$Age_{i,t}$	0.006*
$ID_{i,t}$	0.099
$Size_{i,t}$	-0.012***
Year	控制
R^2	0.407
$Adj-R^2$	0.345
F	6.646***

注:*、**、***分别表示在10%、5%和1%的水平上显著(双尾)。

由模型(2)可知,相关多元化指标 $DR_{i,t}$ 与其他应收款比例无显著关系,假设3未得到证明。不相关多元化指标 $DU_{i,t}$ 与其他应收款比例显著正相关,说明不相关行业的多元化可能成为控股股东掏空上市公司的渠道。假设4得到证明。第一大股东持股比例 $Large_{i,t}$ 与其他应收款比例呈正U型关系,说明当旅游企业的控股股东持股比例较低时,对公司的应收款项管理严格,防止不合理支出的发生;而当控股股东的持股比例上升到一定程度时,反而利用其他应收款来掏空上市公司。负债水平 $Lev_{i,t}$ 和公司年龄 $Age_{i,t}$ 均与其他应收款比例显著正相关,说明债务在治理控股股东代理问题上没有发挥作用,上市时间越长的公司控股股东的代理问题越严重。公司规模 $Size_{i,t}$ 与其他应收款比例显著负相关,说明大公司在降低控股股东代理问题方面做得较好。与模型(1)的回归结果类似,独立董事比例 $ID_{i,t}$ 与其他应收款比例无显著相关关系,说明独立董事在治理控股股东代理问题方面也没有起到作用。

一些文献在度量经理人代理成本时采用管理费用率与销售费用率之和(总费用率)作为经理人过度消费的代理指标,本节也将管理费用率替换为总费用率进行了多元回归,仍然得到相似的结论,即相关多元化能够降低总费用率,而不相关多元化与总费用率无显著相关关系。限于篇幅,笔者不再展示相关回归结果。

(六) 研究结论

基于委托—代理理论,多元化可能是经理人谋求私利的途径;在我国目前控股股东代理问题严重的情况下,多元化也可能成为控股股东掠夺上市公司的手段。本节根据沪深两市21家旅游类上市公司2001—2013年的数据,对多元化与代理成本的关系进行了检验。研究结果表明,我国旅游类上市公司的相关多元化行为能够缓解经理人代理问题,而不相关多元化加剧了控股股东代理问题。与本书第4.1节的结论相似,本节的研究结果继续表明:旅游上市公司应该努力获得相关多元化经营的协同效应,实现长期稳定发展,而不是盲目进军不相关多元化行业。

本节的研究存在一定的局限性,主要体现在代理成本指标的设置上。目前,学术界正在研究更为准确的经理人代理成本和控股股东代理成本的代理变量。在未来的研究中,笔者将根据新的研究成果继续探索旅游企业多元化与代理成本的关系。此外,由于样本量不大,笔者未进一步将总样本划分为饭店类、资源类等子样本进行分析,这也是本书的一个缺憾。

参考文献

[1] 艾健明:《多元化企业内部资本市场的建立与发展》,载《经济导刊》,2007 (8):78-80。

[2] 蔡吉甫、谢盛纹:《公司治理与代理成本关系研究》,载《河北经贸大学学报》,2007 (4):63-71。

[3] 陈咏英:《公司多元化经济后果实证分析——基于代理成本角度的经验证据》,载《财会通讯》,2008 (10):62-69。

[4] 陈咏英:《多元化与控股股东代理成本——基于中国上市公司的经验证据》,载《财会通讯》,2008 (11):9-17。

[5] 段正梁、危湘衡:《旅游企业多元化并购类型与长期绩效的关系——以2002—2008年中国旅游上市公司为例》,载《旅游学刊》,2013,28 (2):86-93。

[6] 段正梁、毕汝麦、危湘衡:《多元化类型与旅游企业价值关系研究》,载《旅游学刊》,2014,29 (2):36-45。

[7] 高宇璇：《控股股东、代理问题与公司多元化折价》，西安电子科技大学硕士学位论文，2011。

[8] 黄海玉、黄文涛：《我国旅游上市公司多元化经营绩效分析》，载《江西财经大学学报》，2011（3）：44-51。

[9] 韩忠雪、朱荣林、王宁：《股权结构、代理问题与公司多元化折价》，载《当代经济科学》，2006（9）：52-58。

[10] 江东瀚：《股权结构对非经营性资金占用影响的实证研究——民营上市公司与国有上市公司的比较》，载《海南金融》，2006（11）：14-19。

[11] 姜国华、岳衡：《大股东占用上市公司资金与上市公司股票回报率关系的研究》，载《管理世界》，2005（9）：119-157。

[12] 李刚、曹晓普：《多元化战略与代理成本、公司业绩关系的实证研究》，载《中央财经大学学报》，2008（7）：72-77。

[13] 李晓蒙：《MD&A信息披露质量与代理成本相关性研究》，西南财经大学硕士学位论文，2013。

[14] 李增泉、孙铮、王志伟：《掏空与所有权安排——来自我国上市公司大股东资金占用的经验证据》，载《会计研究》，2004（12）：2-12。

[15] 梁博：《多元化经营与企业绩效——基于代理成本的分析》，载《财会通讯》，2013（3）：81-83。

[16] 梁威：《代理问题、公司多元化与多元化折价研究》，东北财经大学硕士学位论文，2013。

[17] 刘朝晖：《外部套利、市场反应与控股股东的非效率投资决策》，载《世界经济》，2002（7）：71-79。

[18] 刘胜军：《上市公司多元化经营中的代理成本及其纾解》，载《上海管理科学》，2002（4），27-29。

[19] 罗党论、唐清泉：《市场环境与控股股东"掏空"行为研究——来自中国上市公司的经验证据》，载《会计研究》，2007（4）：69-74。

[20] 马丽丽：《公司多元化、过度投资与企业绩效的相关性分析——基于代理成本视角的经验证据》，载《科技和产业》，2010（1）：48-50，83。

[21] 马曙光、黄志忠、薛云奎：《股权分置、资金侵占与上市公司现金股利政策》，载《会计研究》，2005（9）：44-50。

[22] 彭洁、江辉：《多元化与经理人代理成本、公司业绩的关系研究》，载《市场论坛》，2010（6）：23-25。

［23］宋力、韩亮亮：《大股东持股比例对代理成本影响的实证分析》，载《南开管理评论》，2005（1）：32-36。

［24］谭伟强：《多元化、国际化与企业绩效：基于中国上市公司的实证研究》，中山大学管理学院工作论文，2006。

［25］唐清泉、罗党论、王莉：《大股东隧道挖掘与制衡力量——来自中国市场的经验证据》，载《中国会计评论》，2005（6）：63-86。

［26］肖葳：《中国旅游业上市公司多元化战略与企业绩效关系实证研究》，山东大学硕士学位论文，2008。

［27］肖作平：《股权结构、董事会特征与代理成本——来自中国上市公司的经验证据》，暨南大学工作论文，2006。

［28］熊小舟、李仕明、李金：《股权结构、投资与公司绩效》，载《系统工程》，2008（2）：14-19。

［29］姚先国、汪炜：《中国上市公司并购动机：治理因素分析》，上海证券交易所联合研究课题，2003：131-157。

［30］曾庆生、陈信元：《何种内部治理机制影响了公司权益代理成本——大股东与董事会治理效率的比较》，载《财经研究》，2006（2）：106-117。

［31］张根明、李杨杨：《基于代理理论的经营多元化对企业业绩的影响研究》，载《财经理论与实践》，2012（5）：98-102。

［32］Aggarwal R., A. Samwick, "Why Do Managers Diversify Their Firms? Agency Reconsidered", *The Journal of Finance*, 2003, 58 (1): 71-118.

［33］Amihud Y., Lev B., "Risk Reduction as a Managerial Motive for Conglomerate Mergers", *The Bell Journal of Economics*, 1981, 12 (2): 605-617.

［34］Ang J., Cole R., Lin J., "Agency Costs and Ownership Structure", *The Journal of Finance*, 2000, 55 (1): 81-106.

［35］Bebchuk L., Kraakman R., Triantis G., "Stock Pyramids, Cross-Ownership, and the Dual Class Equity: The Creation and Agency Costs of Seperating Control from Cash-Flow Rights", *NBER Working Paper 6951*, 1999.

［36］Beiner S., Schmid M. M., "Agency Conflicts, Corporate Governance, and Corporate Diversification - Evidence from Switzerland", *SSRN Working Paper*, 362677, 2005.

［37］Bhojraj S., Sengupta P., "Effect of Corporate Governance on Bond Ratings and Yields: The Role of Institutional Investors and Outside Directors", *The Journal of Business*, 2003, 3: 455 – 476.

[38] Chow C., "The Demand for External Auditing: Size, Debt and Ownership Influences", *Accounting Review*, 1982, 57: 272 – 291.

[39] Claessens S., Djankov S., Lang L., "The Separation of Ownership and Control in East Asian Corporations", *Journal of Financial Economics*, 2000, 58: 81 – 112.

[40] Fama, E., Jensen M., "Separation of Ownership and Control", *Journal of Law and Economics*, 1983, 26: 301 – 325.

[41] Inderst R., Muller H., "Ownership Concentration, Monitoring, and the Agency Cost of Debt", *University of Mannheim Working Paper*, 1991.

[42] Jelinek, K., "The Nonlinear Relation between Agency Costs and Managerial Equity Ownership: Evidence of Decreasing Benefits of Increasing Ownership", *University of Rhode Island Working Paper*, 2006.

[43] Jensen, Michael C., "Agency Costs of Free Cash Flow, Corporate Finance, and Takeovers", *American Economic Review*, 1986, 76: 323 – 329.

[44] Jensen Michael C., William Meckling, "Theory of the Firm: Managerial Behavior, Agency Costs and Capital Structure", *Journal of Financial Economics*, 1976, 3: 305 - 360.

[45] Lins K. V., H. Servaes, "Is Corporate Diversification Beneficial in Emerging Market?", *Financial Management*, 2002, 31: 5 – 31.

[46] Millstein I. M., MacAvoy P. W., "The Active Board of Directors and Performance of the Large Publicly Traded Corporation", *Columbia Law Review*, 1998, 98 (5): 1283 – 1322.

[47] Morck Randall, Andrei Shleifer, Robert Vishny, "Management Ownership and Market Valuation: an Empirical Analysis", *Journal of Financial Economics*, 1988, 20: 293 – 315.

[48] Reid, S. R., "Mergers, Managers, and the Economy", New York: McGraw – Hill, 1968.

[49] Tirapat S., "Corporate Diversification and Governance in Thailand", *2004 FMA Annual Meeting Program* (*preliminary*).

第五章 总　　结

专家指出，投资已成为旅游业提质增效、转型升级的主要动力。目前旅游业的投资规模不断扩大，已成为国民经济发展中的亮点。本书从投资存量、投资流量和投资方式三个角度研究旅游企业的投资行为。

第一章阐述了本书的研究背景、研究方法、研究内容和样本选择。改革开放以后，我国旅游业经历了1978—1985年的起步阶段、1986—1999年的小有发展阶段和2000年至今的蓬勃发展阶段，已初具规模。本书采用理论分析和实证研究相结合的方法，从多个角度研究旅游上市公司的投资行为。借鉴前人的研究经验并经过仔细筛选，本书选择2001—2013年的21家旅游上市公司的数据作为研究样本。

第二章从投资存量的角度研究旅游企业的资产结构及其对绩效的影响。目前研究资产结构的文献虽多，但研究旅游企业的文献还是比较缺乏。本章借鉴前人研究成果，选择相关变量，提出八个假设，建立两个模型来进行检验。实证结果表明：与其他行业相比，旅游企业的流动资产比率较低，固定资产比率较高；旅游企业的流动资产比例、无形资产比例、长期投资比例越高，企业绩效越好；旅游企业的固定资产比例和现金资产比例与企业绩效呈现倒U型关系；旅游企业的存货资产比例、应收款项比例越高，企业绩效越差；旅游企业的规模和总资产周转率与企业绩效正相关，资产负债率与企业绩效负相关。根据实证结果，本书建议旅游企业应该提高存货和应收款项的管理水平，增加无形资产的投入和扩大长期股权投资力度。

第三章从投资流量的角度研究旅游企业的投资效率及其影响因素。本章首先通过文献分析选择适当的方法计算出旅游企业的投资效率指标，其次分析了债务融资、公司治理结构和会计稳健性三方面因素对旅游企业投资效率的影响。在第3.2小节，本书考察了债务融资比例、债务的期限结构和债务资金来源三个债务融资方面的具体因素对旅游企业投资效率的影响，提出六个假设，并建立相应的模型进行检验。实证结果表明：旅游企业的商业信用比例、短期借款比例与过度投资显著负相关，长期借款比例与过度投资呈现倒 U 型关系；旅游企业的负债融资比例、银行借款比例、短期借款比例、长期借款比例均与投资不足显著负相关。在第 3.3 小节，本书考察了第一大股东持股比例、独立董事比例、董事长与总经理两职合一、高管报酬等公司治理结构方面的具体因素对旅游企业投资效率的影响，提出八个假设，并建立模型进行检验。实证结果表明：大股东和独立董事均不能对旅游企业的过度投资行为形成约束，董事长与总经理两职合一能增加旅游企业的过度投资行为；大股东为了规避投资风险，增加了旅游企业的投资不足，独立董事没能制约旅游企业的投资不足；高管薪酬对旅游企业的投资效率没有产生影响。在第 3.4 小节，本书考察了会计稳健性这一重要的会计核算原则对旅游企业投资效率的影响，提出两个假设，并建立模型进行检验。实证结果表明：会计稳健核算未能抑制旅游企业的过度投资，反而加剧了旅游企业的投资不足。根据实证结果，本书建议旅游企业应该改善负债融资结构，发挥独立董事的作用，杜绝董事长和总经理两职合一的现象，改进对高管人员的激励制度，提高会计核算水平。

第四章从投资方式的角度研究旅游企业的投资多元化行为及其经济后果。第 4.1 小节研究了多元化对旅游企业绩效的影响。在文献回顾的基础上，笔者手工计算了 2001—2013 年 21 家旅游上市公司的相关多元化和不相关多元化指标，提出两个假设，并建立模型进行检验。实证结果表明：旅游企业的相关多元化指标与绩效正相关，不相关多元化指标与绩效负相关。第 4.2 小节研究了多元化与旅游企业代理成本之间的关系。基于前人的研究，并结合旅游企业的实际情况，笔者提出四个假设，并建立两个模型进行检验。实证结果表明：我国旅游类上市公司的相关多元化能够制约经理人代理问题，降低经理人代理成本，而不相关多元化加剧了控股股东代理问题，提高了控股股东的代理成本。根据实证结果，本书认为在目前的发展阶段，相关多元化更有利于旅游企业的发展。本书建议旅游上市公司应该努力获得相关多元化经营的协同效应，实现长期稳定发展，而不是盲目进军不相关多元化行业。

本书的研究也存在一些局限性。在资产结构与旅游企业绩效的关系上，一些文献指出资产的明细组成对绩效的影响可能不同。囿于精力所限，本书没有对这些问题进行考察。在投资效率及其影响因素的研究中，一些文献发现控股股东的性质、政治关联程度、独立董事和管理者团队的特征也能够对投资效率产生影响，囿于精力所限，本书也没有对旅游企业的相关问题进行考察。在投资多元化及其经济后果问题的研究中，本书没有将总样本划分为饭店类、资源类等子样本进行进一步的分析。这些问题笔者将会在未来的研究中继续探索。

后 记

旅游业的快速发展已成为我国经济的亮点，相关的投融资问题有待深入研究。本书从构思到最终成书历时 4 年。在写作过程中，我阅读了大量的文献和新闻报道，走访了一些旅游企业，加深了对旅游业的理解；同时也认识到自己的不足，从而激励我在知识的海洋中继续遨游。

感谢我的家人，你们的支持给了我莫大的鼓励；感谢本书各章参考文献的作者们，你们的劳动成果启发了我的研究思路和创作灵感；感谢我所在的学校北京第二外国语学院的飞速建设，为我能在家中下载研究文献和数据，提供了很大的方便；感谢同事和朋友们的帮助，你们的关心促使我加快写作进度，早日完成书稿；感谢北京市教委项目的资助；中国金融出版社的王效端主任为本书的编辑和出版提供了支持和有价值的建议，在此一并表示感谢。

路漫漫其修远兮，吾将上下而求索。笔者将持续关注旅游企业财务问题，继续在这个领域深耕细研。

陈咏英
2014 年 12 月